W0206268

Übungsreihen für Geistigbehinderte
Heft H 3

Monika Köhnen

Ganzheitliche Sprachförderung im Zirkus Riesengroß

Handlungsorientierte Situationen / Spielideen / Offener Unterricht

Übungsreihen für Geistigbehinderte
– Konzepte und Materialien –
Hrsg. Susanne Dank

H: Lehrgang **Heft H 3**

Monika Köhnen

Ganzheitliche Sprachförderung im Zirkus Riesengroß

Handlungsorientierte Situationen / Spielideen / Offener Unterricht

verlag modernes lernen - Dortmund

Das Vorhaben wurde in Zusammenarbeit mit Frau Roos und Frau Roth geplant und durchgeführt

Fotos: Erika Roos

Herstellung: Löer Druck GmbH, 44139 Dortmund

Bestell-Nr. 3631 ISBN 3-8080-0406-1

Inhaltsverzeichnis

Übungsreihen für Geistigbehinderte?

Idee und Anliegen

Leider sind Konzepte und Arbeitshilfen für die Förderung und den Unterricht mit Geistigbehinderten immer noch rar. Häufig beziehen sich Eltern, Lehrer und Erzieher in Ermangelung geeigneter Materialien auf Inhalte und Vermittlungsformen der herkömmlichen Kindergarten- und Schulpädagogik. Diese werden jedoch den speziellen Bedürfnissen geistigbehinderter Schüler nur selten gerecht.

Sei es, daß der Lernstoff im Schwierigkeitsgrad zu weit „oben" ansetzt, daß die Lernschritte zu rasch aufeinander folgen und die breite Übungspalette fehlt oder aber, daß Themen angeboten werden, die dem Alter und den Interessen Geistigbehinderter einfach nicht so recht entsprechen.

Dieses Manko versuchen die „Übungsreihen für Geistigbehinderte" aufzuarbeiten, indem hier *notwendige* und *praxisorientierte* Förderinhalte systematisch und umfassend abgehandelt werden.

Geistigbehinderte müssen mit Hilfe *besonders* strukturierter Lerninhalte auf ein weitgehend selbständiges Leben vorbereitet werden. Wie eine Förderung in diesem Sinne aussehen kann, dokumentieren die „Übungsreihen für Geistigbehinderte" anschaulich und nachvollziehbar.

Die Auswahl der Einzelthemen orientiert sich dabei am geistigbehinderten Schüler und seiner Lebensumwelt, fragt nach so wichtigen Entscheidungskriterien wie:

- Hat das Thema Relevanz für die aktuelle oder zukünftige Lebenssituation Geistigbehinderter?
- Nimmt es in notwendiger Weise Bezug auf vorhandene Sachzwänge und objektive Gesetzmäßigkeiten?
- Vergrößert der Lernstoff die Handlungskompetenz, erweitert er den Aktionsradius der Schüler?
- Orientiert sich der Lerngegenstand ausreichend an ihren individuellen Bedürfnissen und Interessen?

In den Sonderschulen für Geistigbehinderte werden die Erziehungs- und konkreten Lernziele innerhalb von *fachorientierten Lehrgängen* (Schaffung sachgerechter Grundlagen in den einzelnen Fachbereichen) und *Vorhaben/Projekten* (Anwendung der erworbenen Kenntnisse und Fähigkeiten in praxisorientierten Aufgabenfeldern) verfolgt.

Eine entsprechende Systematik liegt auch den „Übungsreihen für Geistigbehinderte" zugrunde.

Die „Übungsreihen für Geistigbehinderte" stellen Beiträge zu den *Lehrgängen*

- Sprache (Lesen und Schreiben)
- UMZG (Umgang mit Mengen, Zahlen und Größen)
- Lebenspraktisches Training
- Arbeitslehre (Werktechnische Fächer, Hauswirtschaft)
- Wahrnehmungsförderung
- Sport
- Musik

in übersichtlichen Fördereinheiten vor. *Vorhaben* und *Projekte* werden in Form übertragbarer Dokumentationen für den Nachvollzug zugänglich gemacht.

Die Frage, für wen die „Übungsreihen für Geistigbehinderte" geschrieben werden, ist leicht zu beantworten: Für alle, die in der Förderarbeit mit Geistigbehinderten tätig sind – Lehrer, Erzieher, Eltern, Betreuer in Werkstätten, Heimen, Horten, Kindergärten, Freizeiten und Krankenhäusern.

Über Rückmeldungen und Kritik, Anregungen und Vorschläge von Leserseite würde ich mich als Herausgeberin der Hefte-Reihe sehr freuen. All jene, die mit ihrer Erfahrung, bisher geleisteter Unterrichtsarbeit, Materialiensammlungen und anderen Schätzen zum Gelingen der Reihe beitragen wollen, möchte ich ermutigen, sich an dieser Pionierarbeit zu beteiligen.

Susanne Dank

Teil 1: Ganzheitliche Sprachförderung

Zum Förderschwerpunkt Sprache

Viele Schüler der Schule für Geistigbehinderte zeigen Auffälligkeiten im Bereich der Sprache, die in einer Klasse recht vielfältig sein können: keine aktive Sprache, nur wenige Worte, eingeschränkter Wortschatz, Schwierigkeiten bei der Satzbildung und Flexion, fehlende oder fehlgebildete Laute, ...

Im Bewußtsein um die Bedeutung der Sprache für den Menschen sehen sich die Lehrkräfte vor die Aufgabe gestellt, dem hohen und individuell sehr unterschiedlichen Förderbedarf der einzelnen Schüler gerecht zu werden. In der Literatur (vgl. Bayerischer Lehrplan, S. 49f; Atzesberger, 1975; Flehinghaus,1981) aufgelisteten Lernzielen/-inhalten zu einzelnen Funktionsbereichen steht der Anspruch eines vorhabenorientierten und ganzheitlichen Unterrichts gegenüber.
Der Förderung der Sprache als Unterrichtsprinzip in allen Vorhaben und Lernbereichen kommt eine große Bedeutung zu, reicht jedoch insbesondere in der Unterstufe nicht aus. Zum einen erweist sich die Beachtung des Prinzips in der Praxis als nicht durchgängig realisierbar, da gleichzeitig eine Vielzahl anderer Aspekte berücksichtigt werden müssen, zum anderen bedarf es darüber hinaus der gezielten Anregung von Lernprozessen in Unterrichtseinheiten mit diesem Schwerpunkt.

Das vorliegende Heft veranschaulicht Möglichkeiten der unterrichtlichen Umsetzung von Sprachförderinhalten, dargestellt am Beispiel des Vorhabens „Wir werden ein Zirkus".
Ausgangspunkt und Basis bildet dabei das in der Sprachheilpädagogik für sprachentwicklungsverzögerte Kinder entwickelte Prinzip der ganzheitlichen Sprachförderung. Die Kennzeichen einer ganzheitlichen Sprachförderung werden für die Schule für Geistigbehinderte spezifiziert, wobei die Darlegungen aus der Praxis erwachsen sind.

Kennzeichen einer ganzheitlichen Sprachförderung

Der Begriff ganzheitliche Sprachförderung ist als übergreifendes Prinzip zu verstehen, das je nach Persönlichkeit der Lehrkraft seine spezifische Anpassung an die jeweilige Situation, Interaktionsstruktur und Organisationsform findet (vgl. Grohnfeldt, 1987, S.8). Charakteristisch sind folgende allgemeine Grundzüge:

Eingebundenheit in die Förderung der gesamten Persönlichkeit
Eine ganzheitliche Sprachförderung beschränkt sich nicht auf ein symptomatisches, defizitorientiertes Sprech- und Funktionstraining, sondern berücksichtigt die verursachenden Bedingungen. Zugrunde liegt ein Menschenbild, das die „Fähigkeiten des Kindes zur Eigenaktivität" betont und auf die „Aktivierung von Selbstgestaltungskräften" vertraut. Entsprechend dem übergreifendem Ziel „Erlangung sozialer und kommunikativer Handlungsfähigkeit" ist die sprachliche Förderung in die Förderung der Persönlichkeitsentwicklung eingebunden (vgl. Grohnfeldt, 1987).
Im Vordergrund steht das „sprachrealisierende" Kind, das als aktiv lernend, im Zusammenhang mit seinem Erleben, seiner Erlebnisverarbeitung und seinen individuellen Lernbedingungen gesehen wird. Die unzulänglich durchgestalteten Möglichkeiten sprachlicher Entwicklungsphasen sollen durch neue adäquate Lernbedingungen aktiviert werden, d.h. fehlende Lernerfahrungen erfordern die Schaffung von Lernangeboten, die sich am *Entwicklungsstand des Kindes* orientieren und die für das Kind *von Bedeutung* sind (vgl. Westrich, 1974, S. 8f).

Spracherwerbsorientiertes Vorgehen
Die Inzenierung von Lernprozessen orientiert sich an den Bedingungen, Prozessen und Phasen des natürlichen und normalen Spracherwerbs. Neben der sich daraus ergebenden Reihenfolge von Zielen beinhaltet dies die

Berücksichtigung der engen Verflochtenheit des Spracherwerbs mit der Wahrnehmungs- und Bewegungsentwicklung
„Gerade für den Erwerb der Sprache sind die Bewegungs- und Wahrnehmungsfähigkeit des Körpers wesentliche Grundvoraussetzungen", dies macht eine „körperorientierte Arbeit" unerläßlich (vgl. Olbricht, 1994, S.12 unter Berufung auf Affolter, 1991, und Lenneberg, 1972).
Ganzheitliche Sprachförderung versucht sensorische, motorische, kognitive, emotionale und sozialkommunikative Funktionsbereiche möglichst alle *gleichzeitig* anzusprechen, da eine voneinander isolierte Förderung die sich in ihrer Wirkungsweise gegenseitige Beeinflussung nicht berücksichtigt (vgl. Grohnfeldt, 1987, S. 5f).
Erreichbar ist dies durch ein:

Themenorientiertes Vorgehen
Für ein themenorientiertes Vorgehen finden sich in der Praxis recht unterschiedliche und mehr oder weniger umfassende Realisierungsmöglichkeiten, vom Anbieten eines konkreten Handlungsablaufs, z.B. „Wir basteln eine Puppe" (Grohnfeldt, 1987, S. 7) bis hin zur Entwicklung einer Spiel-

idee, z.B. Indianer, als Rahmenhandlung für eine oder mehrere Fördersequenzen oder ein übergreifendes Projekt (vgl. Kleinert-Molitor, 1984). Wichtig ist die Gestaltung der *emotionalen Grundlage* und die gemeinsame und handelnde Auseinandersetzung, der Vollzug der sprachlichen Förderung in *realen Handlungssituationen.* Eine für Kinder unverzichtbare Form Erfahrungen zu sammeln und sich aktiv mit der Umwelt auseinanderzusetzen, stellt das Spiel dar. Hieraus ergibt sich die Notwendigkeit einer:

Spielerischen Organisation

Das Spiel wird ins „pädagogische Tun" einbezogen. „Pädagogisch-präventativ muß die Übung am Spiel sein, d.h. das auszuwählende Spiel hat auch den Charakter der Übung; pädagogisch-rehabilitativ muß das Spiel an der Übung sein, d.h. die im Vordergrund stehende Übung nimmt den Charakter des Spiels an oder wird in ein Spiel integriert". (Kleinert-Molitor, 1984, S. 4)

Ganzheitliche Sprachförderung in der Schule für Geistigbehinderte

Die Übereinstimmung der Kennzeichen einer ganzheitlichen Sprachförderung mit dem pädagogischen Auftrag, den didaktischen Grundsätzen und den Unterrichtsprinzipien der Schule für Geistigbehinderte ermuntern, den „Blick über den Zaun" zu vertiefen und die Möglichkeiten der unterrichtlichen Umsetzung von Sprachförderinhalten neu zu überdenken.
Geistigbehinderte Kinder müssen sich ihre Muttersprache unter erschwerten Bedingungen, z.B. einer eingeschränkten Wahrnehmungs-, Bewegungsfähigkeit und Verarbeitungskapazität aneignen. Sprachliche Ausfälle stellen keine isolierte Teilstörung dar, sondern die sprachliche Entwicklung wird entscheidend bestimmt durch Art und Umfang der geistigen Behinderung (vgl. Flehinghaus, 1981, S. 7). Für Kinder mit einer geistigen Behinderung kann das, was im natürlichen Spracherwerb eher beiläufig geboten wird, nicht ausreichen, sie bedürfen in jeder Phase der gezielten Inzenierung adäquater Lernbedingungen und dies so lange und variantenreich, bis neue Lernprozesse aktiviert sind. Die Orientierung am individuellen Entwicklungsstand der einzelnen Schüler macht in einer Klasse in der Regel unterschiedliche Förderangebote notwendig und verleitet in der Praxis dazu, diese in Einzel- oder Kleingruppenunterricht anzubieten. Diese Art der Förderung birgt jedoch immer die Gefahr des symptomorientierten Vorgehens und schränkt den Spielraum eines multisensoriellen, bewegungsorientierten und themenbezogenen Vorgehens ein.

Im Sinne einer ganzheitlichen Sprachförderung ist es vorzuziehen, die für den einzelnen Schüler notwendigen Übungen im Gruppenhandeln unterzubringen.

Sprachförderung im Klassenverband
nützt diesen als natürliche Sprechlernsituation und ermöglicht Lernprozesse der Schüler untereinander. Das „Sich Wohlfühlen“ innerhalb der vertrauten Beziehungen einer Klasse bildet eine gute emotionale Grundlage für das „Sich Einlassenkönnen“ auf neue Lernerfahrungen. Gleichzeitig haben die im Rahmen einer sprachlichen Förderung sich entwickelnden sozialen Prozesse positive Auswirkungen auf die Klassengemeinschaft. Schwerbehinderten Schülern wird die Anwendung kommunikativer Kompetenzen erleichtert.
Die Entscheidung für die Durchführung der Sprachförderung im Klassenverband eröffnet mehrere

Möglichkeiten themenzentrierten Vorgehens
- Auswahl eines Vorhabens oder Rahmenthemas mit dem Schwerpunkt Sprachförderung
- Thematische Einbindung der sprachlichen Förderangebote in das jeweils aktuelle Vorhaben oder Rahmenthema
- Anbieten einer Spielidee/Thema für eine oder eine Folge von Fördereinheiten unabhängig vom aktuellen Vorhaben

Das „Eintauchen“ in ein Thema läßt eine Erlebnis- und Erfahrungsgrundlage entstehen, auf der sprachfördernde Übungen ihre Künstlichkeit verlieren und für die Schüler bedeutsam werden.
Leben die Schüler in einer Spielidee mit, können sie Eigeninitiative entwickeln, die wiederum Handlungen und Sprachvorgänge intensiviert.
Den größten Raum für vielfältige Lernerfahrungen haben Lehrer und Schüler im Rahmen eines speziell unter dem Gesichtpunkt der sprachlichen Förderung ausgewählten Vorhabens. Diese Vorgehensweise eignet sich besonders für den Unter- und Mittelstufenbereich.
Hierbei ist die Berücksichtigung der bei Schülern der Schule für Geistigbehinderte zu beobachtenden Wahrnehmungs- und Bewegungsprobleme unerläßlich. Von den verschiedenen Ansätzen der konkreten Umsetzung des Prinzips der ganzheitlichen Sprachförderung sind unter diesem Aspekt die psychomotorisch orientierten von besonderem Interesse:

Psychomotorische Orientierung
„Die Kennzeichnung als psychomotorische Orientierung weist hin auf die Integration psychomotorischer Inhalte und Verfahren unter der Zielperspektive der Sprachförderung“. Psychomotorik „zielt als Erziehung durch

Bewegung über die Bereitstellung mannigfaltiger Körper-, Material- und Sozialerfahrungen ab auf Persönlichkeitsentwicklung und Handlungskompetenz" (Kleinert-Molitor, 1984, S. 3). Für die unterrichtliche Gestaltung an der Schule für Geistigbehinderte bieten die Konzepte von Kleinert-Molitor (1984) und von Olbricht (1994) wertvolle Anregungen, von denen einige im Zirkusvorhaben ihre Anwendung finden. Elemente der Konzepte werden praxisbezogen unter der Darstellung des Vorhabens beschrieben, weitergehend Interessierten sei die angegebene Literatur empfohlen.

Inhalte der Sprachförderung

Die Verwendung des Begriffs „Sprachförderung" in diesem Heft als übergeordnete Bezeichnung für alle Fördermaßnahmen im Bereich Sprache orientiert sich am Praxisgebrauch. Sprachförderung an der Schule für Geistigbehinderte umfaßt folgende Lernziele/ -inhalte (vgl. Bayerischer Lehrplan, S. 49f; Atzesberger, 1975: Flehinghaus; 1981)

- Anregung sprachtragender Befähigungen (Kontaktbereitschaft, -bedürfnis)
- Steigerung der allgemeinen Kommunikationsfähigkeit
- Entwicklung des Sprachverständnisses
- Entwickeln der Tüchtigkeit der sogenannten Sprechorgane
- Übungen zur Atmung und Stimmgebung
- Nichtsprachliche Hörerziehung
- Sprachbezogene Hörerziehung
- Anregung zu sprachlichen Äußerungen/Sprachanbahnung
- Aufbau nichtsprachlicher Mitteilungsformen, z.B. Gebärden (Schüler, die zu einem sprachlichen Ausdrucksvermögen vermutlich nicht kommen)
- Sprachaufbau/Sprache gern verwenden
    - Erweiterung des passiven und aktiven Wortschatzes
    - Präzisierung von Begriffen
    - Verwendung von Einwortsätzen
    - Ausweitung der Satzstruktur
    - Beherrschung grammatischer und syntaktischer Formen
- Lautanbildung
- Lautkorrektur
- Mit Sprache Beziehungen gestalten

Eine Fülle von Spielideen im Sinne einer ganzheitlichen Sprachförderung bietet das Konzept von Giselher Gollwitz (1995), das Sprache in „ihren Voraussetzungen (Sensomotorik, Entspannung), physiologischen Bedingungen (Atmung, Stimme), Strukturen (Laute, Wörter, Sätze) und Funktionen (Kommunikation, Erkenntnisgewinnung)" (Holtz, 1992, S. 221) be-

greift und somit viele der oben genannten Inhalte umfaßt.
Die im Zirkus Riesengroß aufgenommenen Spielvorschläge werden einen Einblick in die Spannbreite der Ideen geben und vielleicht das Bedürfnis wecken, sich diese Fundgrube zu eröffnen.

Ganzheitliche Sprachförderung und offener Unterricht

Sucht man dem unterschiedlichen Förderbedarf, dem Ziel „Entwicklung der Persönlichkeit", sowie dem einer ganzheitlichen Sprachförderung zugrunde liegenden aktiven Lernbegriff auch unterrichtskonzeptionell zu entsprechen, bietet sich die Gestaltung offener Lernsituationen an.
Offener Unterricht berücksichtigt, daß Lernen auf der Verarbeitung von Erfahrung beruht und die aktive Erzeugung eigener Sinnstrukturen beinhaltet. Da Lernen nur der Lernende selbst kann, kann es Lernen nur als Selbsttätigkeit geben (vgl. Heid, 1996). Gerade bei Menschen mit einer geistigen Behinderung bedeutet offenes Lernen „eine entschiedene Abkehr von einer defektologischen Sichtweise hin zu einer dialogischen Sicht" (Dapper, 1997, S. 12). Auch eine ganzheitliche Sprachförderung impliziert diese Sichtweise. „Sprachtherapie wird als gemeinsamer Kommunikationsprozeß (Dialog) verstanden, bei dem die Beziehung und das ganzheitliche Verstehen die entscheidende Grundlage" sind (Grohnfeldt,1987, S. 5).
Nicht nur bei Kindern mit Lernblockaden oder Sprachhemmungen setzt Sprachförderung eine sensible Berücksichtigung des Erlebnishintergrundes voraus, die trotz oder gerade bei inhaltlich detaillierter Vorausplanung im Rahmen eines lehrergeführten Unterrichtes nicht ausreichend möglich ist. Nur die Schüler selbst können ihren Erlebnishintergrund zum Ausdruck bringen, indem sie ihren Weg selbst suchen. Die Schüler müssen Gelegenheit haben, sich auf ihre Art mit Lerninhalten auseinanderzusetzen, auf ihre Art Ängste abzubauen, auf ihre Art Lernerfahrungen zu machen und so lange zu üben, bis sie Vertrauen in ihre Leistung gewonnen haben, das bedeutet, es muß Raum zur Entwicklung von Eigeninitiative und Selbststeuerung sein. Dies setzt neben Phasen lehrergelenkten Unterrichtes die Gestaltung offener Lernsituationen voraus. Offener Unterricht berücksichtigt, daß „jedes Kind anders lernt und selbstbestimmte Lernprozesse zu besserem Behalten und höherem Lernzuwachs führen" und „ermöglicht Differenzierung und Individualisierung hinsichtlich Interessen, Lerntempo, Lerntyp und Leistungsfähigkeit" (Köhnen, 1997a, S. 8).
Entscheidend für das Gelingen ist eine intensive Vorbereitung und Vorstrukturierung durch gezielte Materialbereitstellung oder durch den Aufbau einer Bewegungslandschaft. Die Lehrkraft ist vor dem Unterricht tätig, damit die Schüler es während dem Unterricht sein können. Sie gibt die direkte Leitung auf und wird zum Lernbegleiter des Schülers, d.h. sie

beobachtet, wartet ab, hilft, regt an (vgl. Köhnen, 1997a, S. 18).
Offene Lernsituationen eröffnen neue Zugänge für Kinder mit einer geistigen Behinderung ihre sprachlichen und kommunikativen Kompetenzen zu erweitern. Im Rahmen des Zirkusvorhabens werden verschiedene Gestaltungsmöglichkeiten vorgestellt:

- Phasen offenen Lernens in Einheiten lehrergelenkten Unterrichtes
- Sprachförderung im Rahmen der Freiarbeit
- Sprach-Zirkel
- Konstruktionseinheit

Das Heft soll anregen und Lust machen, neue Wege auszuprobieren.

Grundsätze zur Unterrichtsdurchführung

Bei der Durchführung sprachfördernder Unterrichtseinheiten sollten folgende Prinzipien unbedingt eingehalten werden, da sie die Anregung von Lernprozessen unterstützen, ja sogar bei Nichteinhaltung erschweren können:

1. Die Achtung vor der Persönlichkeit und Individualität des Kindes beinhaltet, daß ein Schüler zu keiner Übung gezwungen wird. In der Regel ist der Aufforderungscharakter der Spielidee oder der Materialien so hoch, daß sich auch ein zurückhaltender Schüler durch die Aktivitäten seiner Mitschüler mitreißen läßt. Manchmal braucht ein Schüler etwas länger oder muß erst die anderen beobachten können, ehe er sich traut. Oder er muß erst durch „unbeobachtetes" Üben Sicherheit in seine Fähigkeiten gewinnen können.
   Beispiel aus dem Vorhaben: Während ein Schüler sich bei der Aufnahme des Hörspiels kaum beteiligte, erzeugte er beim Abhören der Cassette in der Freiarbeit zunehmend treffender und lauter die entsprechenden Geräusche.
2. Manche Übungen, z.B. zur Lautanbildung oder Mundmotorik setzen eine entspannte, vertraute Atmosphäre und ein „Sich Geborgenfühlen" in der Gruppe voraus, um ihren spielerischen Charakter und somit ihre Wirkung entfalten zu können. Es empfiehlt sich daher, den Schwerpunkt Sprache nicht zu Beginn einer neuen Klassenzusammensetzung zu wählen, sondern erst, wenn die Gemeinschaft bereits wächst.
3. Das Vorgehen ist prozeß- und nicht produktorientiert. Die Freude am Lernen, die selbständige Bearbeitung einer Aufgabe und das Ausprobieren sind wichtiger als die perfekte Ausführung. Hierzu ist auch eine offene Aufgabenstellung wichtig, z.B. „Die Tiere bauen sich einen Weg" oder „Wir verwandeln uns in Löwen".
4. Kinder können sich intensiver als Erwachsene in ein Spiel oder Thema „hineinbegeben". Die Lehrkraft sollte sich für Ideen der Schüler offen

halten und Spielsituationen zusammen mit den Schülern wachsen lassen.

5. Die Einstellung, innere Beteiligung und Begeisterungsfähigkeit der Lehrkraft beeinflußt wesentlich die Lernsituation. Auch die Lehrkraft sollte sich in ihren Lernangeboten wohl fühlen, dies setzt voraus, daß sie sich ihrer eigenen Vorlieben oder Abneigungen bewußt ist oder wird. Eine Übung kann noch so pädagogisch sinnvoll ein, wenn die Lehrkraft nicht dazu steht, kann kein Funke überspringen und das Angebot sollte besser der eigenen Persönlichkeit entsprechend abgewandelt oder durch ein anderes ersetzt werden.
   Auch das Gelingen offener Unterrichtssituationen hängt entscheidend davon ab, inwieweit die Lehrkraft in der Lage ist, sich auf ihre neue Rolle als Lernbegleiter einzulassen und die Schüler daraus in Wechselwirkung die inneliegenden positiven Möglichkeiten nutzen können. Nicht nur die Schüler bedürfen der schrittweisen Hinführung zu selbstgesteuerten Arbeitsweisen, sondern auch die Lehrkraft sollte sich die Zeit zugestehen, auf der Basis gemachter Erfahrungen die Phasen des offenen Unterrichtes allmählich auszudehnen und zu gestalten.
6. Grundlage sprachfördernder Unterrichtseinheiten ist der ermittelte Förderbedarf der Schüler einer Klasse. Die Spielvorschläge und vorgestellten Gestaltungsmöglichkeiten offenen Lernens sind nicht als Vorlage gedacht, sondern sie dienen als Beispiele. Die den Beispielen zugrunde liegenden Überlegungen sollen anregen, für die eigene Klasse Ideen zu entwickeln und einen persönlichen Weg zu finden.

Teil 2: Das Vorhaben „Wir werden ein Zirkus"

Zur Auswahl des Vorhabens

Bei der Auswahl eines Vorhabens für den Förderschwerpunkt Sprache sind folgende grundsätzliche Gesichtspunkte zu beachten: Das Vorhaben sollte:

- für möglichst viele Übungsbereiche Aufgaben hergeben, d.h. es sollte sowohl die Förderung wichtiger Grundvoraussetzungen, die für den Aufbau der Sprache notwendig sind als auch spezielle Übungen, abgestimmt auf einzelne Schüler, ermöglichen
- sich für die Bearbeitung in einer Gruppe eignen
- für die Schüler und für die Lehrkraft (Übertragungseffekt) interessant sein
- reichlich Handlungs- und Kommunikationsmöglichkeiten bieten (vgl. Fischer-Olm, 1996, S. 120)

In der Unter- und Mittelstufe eigen sich besonders Themen, die über Tier- oder Personenidentifikationen eine psychische Entlastung bewirken und zu vielfältigen Bewegungs- und Lautäußerungen motivieren (Im Zoo, Auf dem Bauernhof, Im Märchenland, Indianer).

Ein Vorhaben, das alle genannten Aspekte integriert und viel Raum zur individuellen Ausrichtung auf die Schüler läßt, stellt die Umgestaltung der gesamten Klasse zu einem Zirkus dar. Die bald durch den Raum wehende Zirkusluft verzaubert zunehmend und die Lehrkraft braucht nur noch die im Hinblick auf ihre Schüler „ergiebigsten" Tiere und Personen aus der Fülle von Möglichkeiten auszuwählen, d.h. ob im Zirkus Bären, Affen, Akrobaten,... leben, hängt von den sprachlichen Förderinhalten und natürlich von den Vorlieben der Schüler ab. Manchmal kommen durch die Schüler Tiere dazu, an die zunächst nicht gedacht wurde, in unserer Klasse waren es die Zirkusmäuse und Zirkuskatzen. Die einer Identifikation notwendig vorausgehende intensive Beschäftigung mit einem Tier erfordert eine Begrenzung der Anzahl. Im Zirkus Riesengroß werden die spezifischen Eigenheiten von Pferd, Elefant, Löwe, Bär und Clown für die sprachliche Förderung „genutzt".

Der Aufbau des Vorhabens

Bei dem Vorhaben „Wir werden ein Zirkus" handelt es sich nicht um eine projektartig angelegte Unterrichtsreihe, die auf ein konkret vorzeigbares Ergebnis, z.B. eine Zirkusvorstellung zielt, sondern um das Entstehen eines komplexen Erlebnisrahmens für Handlungseinheiten, Übungen und

Teilvorhaben mit dem Förderschwerpunkt Sprache.
Zu Beginn erfolgt die Umgestaltung des Klassenraums und die erste Einstimmung der Schüler in die Zirkuswelt.
Die ausgewählten Tiere werden nicht auf einmal, sondern nacheinander eingeführt, wobei jeweils ausreichend Zeit (1-3 Wochen) für eine intensive Auseinandersetzung, Spielideen und Materialien vorzusehen ist.
So füllt sich der Zirkus nach und nach, ebenso allmählich wachsen die Unterrichtsangebote von kurzen zu komplexen Einheiten, in denen dann auf die zuvor erarbeiteten Spiele, Arbeitstechniken und Materialien zurückgegriffen wird. Auch die Phasen selbstgesteuerten Lernens nehmen schrittweise zu: von wenigen Minuten im Rahmen des lehrergelenkten Unterrichtes bis hin zu einer Konstruktionseinheit, in der sich die Schüler selbständig ihren Abenteuerzirkus bauen und darin agieren.
Die Darlegungen zur praktischen Durchführung gliedern sich in:

- Ein Zirkus entsteht
- Zur Einführung der einzelnen Tiere
- Spielideen zu den Pferden
- Die Pferde reißen aus (Beispiel für eine komplexe Einheit)
- Spielideen zu den Clowns
- Spielideen zu den Elefanten
- Die Tiere suchen Futter (Unterrichtsbeispiel: Wahrnehmungs- und Bewegungshandeln mit Sprachbegleitung)
- Die Tiere treffen sich heimlich in der Manege (Unterrichtsbeispiel: Begegnung von Sprach- und Bewegungshandeln)
- Spielideen zu den Bären
- Wir wählen uns ein Material aus (Sprachförderung im Rahmen der Freiarbeit)
- Der Zirkus Riesengroß erwacht (Wir machen eine Geräuschgeschichte)
- Spielideen zu den Löwen
- Im Zirkus gibt es viel zu hören (Beispiel für einen „Sprach-Zirkel")
- Wir bauen uns einen Abenteuerzirkus (Beispiel für eine Konstruktionseinheit)
- Zum Einbezug schwerbehinderter Schüler

Die Ziele des Vorhabens

Ziel des Vorhabens ist es, bei den Schülern vielseitige sprachfördernde Lernprozesse anzuregen. Insbesondere geht es hierbei um:

1. Ganzkörperliche Eigenwahrnehmung

Atmung, Stimmgebung, Laut-, Wort- und Satzbildung folgen den Prinzipi-

en von Anspannung und Entspannung (vgl. Gollwitz, 1995, S. 7f):
- Unterscheiden von Anspannung und Entspannung
- Anbahnen von Entspannungstechniken
- Aufbau eines Körperschemas
- Wahrnehmen vibratorischer Eindrücke

2. Nichtsprachliche Hörerziehung
Für den Sprachaufbau kommt der Fähigkeit zur Aufnahme, Verarbeitung und Speicherung von Höreindrücken eine besondere Bedeutung zu. Das Entwickeln von Hörstrategien muß vor dem Hören auf Sprache ansetzen:
- Wahrnehmen und Identifizieren von Geräuschen
- Unterscheiden von Geräuschen
- Erkennen der Geräuschrichtung
- Aktives Hören: Mundmotorische Imitation nichtsprachlicher Geräusche

3. Schulung der sogenannten Sprechwerkzeuge
Das erlebnismotivierte Ausprobieren und Spielen mit dem Mundraum aktiviert die Sprechorgane, regt die Lautbildung an und bereitet die Anbildung fehlender Laute vor:
- Funktionsübungen der Lippen
- Funktionsübungen der Zunge
- Funktionsübungen des Kiefers
- Funktionsübungen des Mundes

4. Schulung der Atmung und Stimme
Eine entspannte Atemführung ist wesentlich für eine natürliche Stimm- und Sprachbildung (vgl. Gollwitz, 1995, S. 45):
- Kräftigung der Einatmung durch die Nase (Riechübungen)
- Kräftigung der Ausatmung (Blaseübung)
- Dosierung der Ausatmung (Pusteübungen)
- Verbindung von Atmung und Stimmgebung

5. Sprachbezogene Hörerziehung
Die Lenkung der Aufmerksamkeit auf Laute und Wörter aktiviert die Eigen- und Fremdwahrnehmung und regt zum Vergleichen an:
- Bewußtes Hören auf Sprache
- Sprache in Handlung umsetzen
- Identifizieren von Lauten
- Lautimitation

6. Bildung und Anbildung von Lauten
Die richtige Lautbildung setzt einen umfassenden Höreindruck voraus.

Die Sensibilisierung für die Lautbildung und die Anbildung aus dem Erleben heraus erweist sich als wirkungsvoller als eine Beschränkung auf das Üben von Problemlauten:

- mundmotorische Imitation von Geräuschen
- mundmotorische Imitation von Tierlauten

7. Passiver und aktiver Wortschatz
„Bedeutsamkeitserlebnisse"(Westrich) und die Verknüpfung von Handeln und Sprechen ermöglichen auch die Erfassung scheinbar schwieriger Wörter:

- Bewegungsverben: gehen, springen, traben,.........
- Körperteile und typische Merkmale der Tiere: Schwanz, Rüssel, Mähne,.....
- Begriffe aus der Zirkuswelt: Manege, Zelt,.........

8. Satzbildung
Grundlage für die Ausformung von Sätzen ist die Handlung:

- Sprache mit Handlung begleiten (rezeptive Sprachverarbeitung)
- Handlung mit Sprache begleiten
- Aufbau von dreigliedrigen Aussagen (mit Hilfe von Satzbaukarten)

9. Mit Sprache Beziehungen gestalten
Durch entsprechende Situationsgestaltung erfahren die Schüler Sprache als vielfältiges Handlungsmittel und werden zu ihrem Gebrauch angeregt:

- Kontakt aufnehmen
- Absprachen treffen
- gemeinsame Planung
- Wünsche und Gefühle formulieren

Die verschiedenen Zielsetzungen sind nicht eindeutig von einander zu trennen und sollen in erster Linie dem Leser zur Übersicht dienen.

Anbindung der fachorientierten Lehrgänge

Die fachorientierten Lehrgänge sollten sich thematisch am Zirkusvorhaben orientieren und soweit möglich auch dessen Zielsetzung unterstützen und ergänzen.

Musik

Zur Einstimmung und Begleitung des Themas bietet sich ein Zirkuslied an, das die ausgewählten Tiere und Personen berücksichtigt. Mit jedem eingeführten Tier kommt die entsprechende Strophe hinzu, so daß das Lied langsam länger wird:

Refrain

2. Die Pferdeschar, die Pferdeschar,
die läuft und springt ganz wunderbar.
Im Kreis sie dreht sich sehr galant,
und galoppiert dann durch den Sand.
Refrain

3. Die Clowns, die können viele Sachen,
können weinen und auch lachen,
purzeln hin und purzeln her,
ja das fällt ihnen gar nicht schwer.
Refrain
4. Der Elefant ist dick und rund,
ist dunkelgrau und doch ganz bunt.
Er hebt den Rüssel ganz galant
und spritzt sich voll mit feinem Sand.
Refrain
5. Jetzt kommen Bären mit Gebrumm,
und drehen sich im Kreis herum.
Sie tapsen hin und tapsen her,
ja das gefällt den Leuten sehr.
Refrain
6. Die Löwen kommen jetzt herein,
sie brüllen laut, daß alle schrei'n.
Durch einen Feuerreifen nun,
wagen sie einen kühnen Sprung.

(Der Text des Liedes „In unserer Stadt ist heut was los", entnommen aus Volker Rosin, die Liederwiese, Don Bosco Verlag, wurde von Frau Roth dem Vorhaben angepaßt).

Im Lied klingen typische Gangarten der Tiere/Clown an:
- die Bären tapsen
- die Pferde springen
- die Elefanten stampfen
- die Löwen schleichen
- die Clowns purzeln

Das Kennenlernen deren Bedeutung, das Unterscheiden und Ausprobieren (passiver/aktiver Wortschatz) wird durch die Verbindung mit passenden Musikinstrumenten intensiviert, z.B. Elefant – Trommel.

Sport

Parallel zur Erarbeitung der charakteristischen Eigenschaften und äußeren Merkmalen der Tiere im Vorhabenunterricht stehen im Sportunterricht deren Bewegungsmöglichkeiten (Wortschatz) im Vordergrund:
- die Pferde gehen, traben, galoppieren, springen, drehen sich im Kreis, werfen die Vorderbeine hoch,.......
- die Elefanten stampfen, schwenken ihren Rüssel, heben ihren Rüssel, spritzen Wasser.....
- die Bären tapsen, tanzen, drehen sich....
- die Löwen schleichen, springen durch Reifen
- die Clowns purzeln, fallen hin, stolpern, treten sich gegenseitig auf den Fuß,.....

Besteht die Möglichkeit, die Tiere in einem Zoo zu beobachten oder einen Reitstall zu besuchen, sollte diese zur Verschaffung einer Erlebnisgrundlage unbedingt genutzt werden.
Übungen zu Körperschema und Körperteilen (Wortschatz) lassen sich mit einem Reaktionsspiel verbinden: die Elefanten stampfen frei durch die Halle, hören die Trommelschläge auf, suchen sie sich schnell einen „Hokker“ und bewegen oder zeigen das benannte Körperteil.
Neben der Unterstützung der sprachlichen Ziele liegt im Sportunterricht der Förderschwerpunkt im Sammeln von Wahrnehmungs- und Bewegungserfahrungen. Hierzu beschreibt Ute Schimpke in Heft H1 der Übungsreihen (siehe Lit.) vielfältige Möglichkeiten im Rahmen des Vorhabens „Wir werden ein Abenteuerzirkus“. Als Ergänzung zu diesem Heft sei auf ihre Ausführungen ausdrücklich hingewiesen.

Kunst

Neben der Herstellung von Tiermasken und Verkleidungszubehör kann im Kunstunterricht durch das Malen der Tiere in verschiedenen Techniken die Entwicklung einer Gestaltvorstellung (Wortschatz: Körperteile) gefördert werden. Als Hinführung zum gegenständlichen Malen erweist sich das Ergänzungsspiel (siehe Anhang) als sehr wirkungsvoll.

Religion

Als Religionsthema eignet sich die Geschichte der Arche Noah. Beim Nacherleben im Rollenspiel ergeben sich Berührungspunkte über Tierstimmen und Bewegungen, sowie der ergänzende Aspekt des achtungsvollen Umgangs miteinander.

Teil 3: Die praktische Durchführung

Ein Zirkus entsteht

Falls ein gemeinsamer Zirkusbesuch nicht möglich ist, weil gerade kein Zirkus in der Nähe gastiert, bietet sich als Einstieg ein Situationsbild an, in dem die Zirkusatmosphäre zum Ausdruck kommt (Beispiel: Situationsbild Zirkus, Werscherberger Sprachfibel, Mappe D; Situationsbild Zirkus, Hamburger Bildserie zur Sprachförderung, Verlag Schuffelen Pulheim). So können Erinnerungen und erste Vorstellungen geweckt werden. Ebenfalls geeignet sind Bilderbücher (siehe Lit.) zum Thema.
Von besonderer Bedeutung für das Entstehen von Zirkusatmosphäre ist das Zirkuszelt, das sich am einfachsten aus einem großen Schwungtuch oder aus Fallschirmseide herstellen läßt. Unverzichtbar ist auch die Manege. Nicht nur aus Platz- sondern auch aus pädagogischen Gründen ist hier eine bewegliche Manege zu empfehlen. Als besonders geeignet haben sich Schuhkartons in gleicher Größe erwiesen: Aufgestellt grenzen sie den Bewegungsrahmen gut sichtbar ab, sie lassen sich stapeln und sind leicht zu tragen, so können sie auch in der Turnhalle angeordnet werden, ohne daß für die Schüler die Bauelemente wechseln. Dies ist wichtig, da das Errichten der Manege zunehmend selbständig von den Schülern übernommen werden soll. Unterstützend für das Entwickeln der Anordnungsvorstellung wirken folgende Materialien zum selbstgesteuerten Lernen: „Manege frei“ und „Glasmuggelsteine“ (Beschreibung siehe Anhang).
Das Abhängen der Klassenzimmertür mit bunten Kreppbändern und das Anbringen eines großen Namensschildes läßt schon von außen erkennen, daß sich in der Schule ein Zirkus eingerichtet hat. Manege frei für die Zirkustiere!

Zur Einführung der einzelnen Tiere

Grundlage und Begleitung der sprachfördernden Übungen ist die intensive Beschäftigung mit dem jeweils eingeführten Tier, bzw. des Clowns. Diese besteht aus bestimmten Elementen, die sich bei jedem Tier wiederholen:

- Einführung des Stofftieres (siehe Anhang: Material „Pflege der Tiere“)
- Einführung des Holztieres (siehe Anhang: Material „Manege frei“)
- Einführung von Bildern, Fotos, Abbildungen
- Einführung eines Bildkartenpaares (siehe Anhang: Material „Zirkus-memory“)

- Kennenlernen und Anwenden der Fortbewegungsart (siehe Anbindung des Musik- und Sportunterrichtes)
- Einführung der entsprechenden Liedstrophe (siehe Anbindung des Musikunterrichtes)
- Bereitstellen und Ausprobieren typischer Kleidungsstücke und Requisiten. Tip: Einfache, vielseitig verwendbare Materialien regen die Phantasie der Schüler an, die typischen Merkmale anzudeuten, z.B. zwei Chiffontücher als Schwanz und Mähne für die Verwandlung in ein Pferd
- Herstellen einer Tiermaske (Kunstunterricht)
- Tier für das Ergänzungsspiel (siehe Anhang)
- Tier malen und kneten
- Spaziergang der Tiere im Zirkus (siehe Anhang: Material „Zirkusstraße")

Spielideen zu den Pferden

Pferde in den Stall treiben
(Abwandlung einer Idee von G. Gollwitz, 1995, S. 46)

Pädagogische Zielsetzung: Steuerung und Dosierung der Ausatmung

Material: Märchenwollbäuschchen, Seil zur Abgrenzung der Weide, große Holzbausteine für den Stall

Spielverlauf: Die Pferde haben sich losgerissen und werden von den Schülern durch Pusten in den Stall zurückgetrieben

Sonderpädagogische Hinweise:
- das Spiel läßt sich auf dem Tisch, sowie in Bauchlage auf dem Boden organisieren
- besonders hyperaktiven Kindern fällt es schwer, ihre Ausatmung sparsam und gezielt einzusetzen, die notwendige Übung wird durch die Wiederholung bei jedem Tier (neue Motivation) erreicht
- zur Steigerung des Schwierigkeitsgrades können die Tiere in verschiedene Ställe getrieben werden
- das Material eignet sich zum selbstgesteuerten Lernen (siehe Anhang)

Abb. 1: Die Schüler pusten Pferde, Elefanten und Bären in ihre Ställe

Sacha paß auf!

Pädagogische Zielsetzung:

- Wahrnehmen leiser Geräusche (Nichtsprachliche Hörerziehung)
- Reaktionsübung
- Mundmotorische Imitation des Wieherns
- Sich leise bewegen

Material: 2 Tücher für Schwanz und Mähne, Augenbinde, Äpfel, Schuhkartons für die Manege

Spielverlauf:
Sacha bewacht kniend seinen Apfel, den er als Belohnung für seine Pferdenummer bekommen hat. Es ist Nacht, so daß er nichts sehen kann (Augenbinde) und sich auf seine scharfen Ohren verlassen muß. Die Zirkusmäuse (oder auch nur eine Maus) haben Hunger und wollen den Apfel anknabbern, sie bewegen sich möglichst leise. Hört Sacha eine Maus, wirft er die Vorderbeine hoch und wiehert laut, um die Mäuse zu verjagen (Abb. 2).

Abb. 2

Sonderpädagogischer Hinweis:
Fällt einem Schüler das Wahrnehmen leiser Geräusche noch schwer, piepst eine Maus (die Lehrkraft) beim Anschleichen in entsprechender Lautstärke.

Lulu und die Pferde

Pädagogische Zielsetzung:
- Wahrnehmen von Geräuschen
- Erkennen der Geräuschsrichtung
- Reaktionsübung

Material: Tücher, Augenbinde, Schuhkartons

Spielverlauf:
Nach der Dressur der Pferde in der Manege (Schritt, Trab, Galopp, Drehen) spielen die Pferde mit Lulu, der Tochter des Dompteurs. Lulu setzt sich mit verbundenen Augen in die Mitte der Manege. Die Pferde verteilen

sich am Manegenrand, jeweils ein Pferd galoppiert auf der Stelle. Lulu hat die Aufgabe, in dessen Richtung zu zeigen.

Sonderpädagogische Hinweise:

- das Geräusch des Galoppierens kann durch Wiehern und /oder Schellenband verstärkt werden
- bei der Verteilung zunächst auf eindeutige Richtungen achten: vorne, hinten, links, rechts
- zur Steigerung der Schwierigkeit kann ein Pferd rund um die Manege galoppieren, Lulu zeigt immer in Richtung der Geräuschsquelle

Sacha mit der guten Nase

(Abwandlung der Spielidee „Pluto, der Schnüffler" von G. Gollwitz (1995, S.43)

Pädagogische Zielsetzung:

- Förderung des Nasenatmung
- Bewußtes Wahrnehmen von Gerüchen
- Erkennen ausgewählter Gerüche

Material: Tücher, Augenbinden, Apfel, Brot, Karotte, Heu, Seife, ...

Spielverlauf:

Sacha verspürt in der Nacht (Augenbinde) Hunger. Er benutzt seine gute Nase, um seine Lieblingsspeisen zu suchen. Natürlich darf er nach dem Riechen auch probieren.

Sonderpädagogische Hinweise:

- das Spiel bereitet die Satzbildungsübung vor, daher sollten unbedingt ausgewählte Vorlieben eines Pferdes verwendet werden, die Ergänzung durch Dinge, die Pferde nicht essen, ist beliebig
- in der Regel ist es erforderlich, die Gerüche im Vorfeld des Spiels erst einmal zu identifizieren, zu benennen und Bildkarten zuzuordnen
- nichtsprechende Kinder nehmen jeweils nach dem Riechen die Augenbinde ab und zeigen
- Zieldifferenzierung durch Anzahl der Gerüche
- auch dieses Spiel kann je nach Förderbedarf bei den anderen Tieren wiederholt werden

Wo ist das Heu versteckt?

Pädagogische Zielsetzung:

- Schulung des Gehörsinns
- Wahrnehmen von Geräuschen
- Identifizieren ausgewählter Geräusche

Material: 3 Behälter, gefüllt mit Kies, Sand und Heu

Spielverlauf:
Sacha hat Hunger. Er weiß, daß der Dompteur in einem der Behälter Heu aufbewahrt, durch Schütteln kann er den richtigen herausfinden

Sonderpädagogische Hinweise:
- die Behälter können mit den Schülern gefüllt werden, dabei schon Geräusche erzeugen
- Kies und Sand ist den Schülern von der Zirkusstraße bekannt
- aus dem Spiel läßt sich ein Material zum selbstgesteuerten Lernen entwickeln (siehe Anhang, „Geräuschsdosen")

Abb. 3: In welcher Dose ist das Heu?

Sacha hat Hunger

Pädagogische Zielsetzung:
- Aufbau von dreigliedrigen Aussagen
- Spielerisches Gewinnen einer elementaren Einsicht in die Struktur der Sprache
- Erkennen, daß man Handlungen versprachlichen, bzw. Sprache in Handlung umsetzen kann
- Erkennen, daß sich durch Austausch von Wörtern (Bildkarten) der Inhalt einer Aussage verändert

Material: Satzbaukarten (siehe Kopiervorlagen), Tücher, Apfel, Brot, Karotte, Heu, Bauelemente für die Manege

Spielverlauf:
Nach der Dressur in der Manege hat Sacha großen Hunger. Jeweils ein Schüler spielt Sacha und sucht sich etwas zu essen aus. Während Sacha ißt, wird die Handlung verbalisiert, z.B. Sacha frißt Brot.
Die Einführung der Bildkarten erfolgt begleitend oder anschließend, mit ihnen entstehen neue Spielmöglichkeiten: 1.Ein Schüler handelt, ein anderer verbalisiert und/oder legt den entsprechenden Satz. 2. Ein Schüler legt einen Satz, ein anderer setzt ihn in Handlung um.

Sonderpädagogische Hinweise:
- Mit Hilfe der Satzbaukarten wird die Stufe des Nachsprechens überwunden, die Schüler können selbst Sprache gestalten, indem sie Satzinhalte setzen
- Um eine Überforderung zu vermeiden sollten die Nahrungsmittel, sowie die Bildkarte des Pferdes aus vorangegangenen Spielen bekannt sein, nur die Karte „frißt" wird neu eingeführt
- Aus dem Spiel läßt sich ein Material zum selbstgesteuerten Lernen entwickeln (siehe Anhang: „Satzbaukarten")
- Jedes Tier eröffnet neue Satzinhalte unter Beibehaltung der Satzstruktur, denkbar ist auch die Erarbeitung der Mehrzahlbildung (siehe Kopiervorlagen)

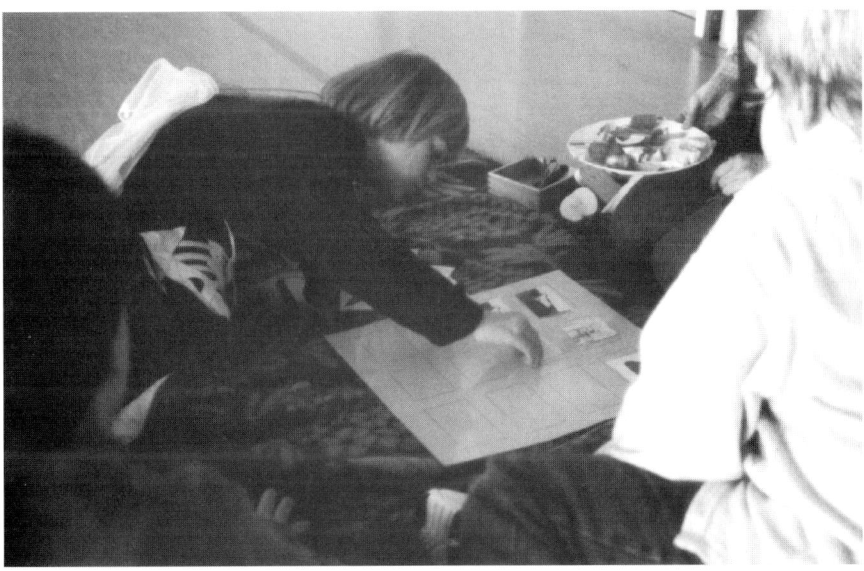

Abb. 4

Um zu verdeutlichen, daß nicht alle Schüler während einer sprachfördernden Unterrichtseinheit das gleiche Ziel erreichen sollen, sei an dieser Stelle exemplarisch eine mögliche Zieldifferenzierung aufgeführt:

Gruppe 1:
Die Schüler sollen mit Hilfe von Bildkarten 3-Wort-Sätze selbst gestalten (legen und sprechen)
Zusätzliche individuelle Schwerpunkte:
Doris: Übung der Legerichtung von links nach rechts als Vorbereitung der Leserichtung
Paul: Übung der richtigen Aussprache der „fr"
Peter: Überwinden der Stufe des Einwortsatzes, wobei die lautrichtige Sprechweise und die grammatische Form noch zweitrangig sind

Gruppe 2:
Die Schüler sollen:
- Sprache in Handlungen umsetzen (Zuhören!)
- Gegenstände und Abbildungen benennen und einander zuordnen (Wortschatzerweiterung)

Gruppe 3 (eine Schülerin):
Elena soll:
- die Gegenstände nach Aufforderung geben (passiver Wortschatz/Greifbewegung)
- die Gegenstände nach Aufforderung zeigen (passiver Wortschatz/Zeigegeste)
- zeigen, was das Pferd essen soll (Zeigegeste mit der Zielrichtung Wunsch/Wählen)

Die Pferde reißen aus (Beispiel für eine komplexe Einheit)

Grundsätzliche Überlegungen:

In den komplexen Einheiten werden vielfältige Wahrnehmungs- und Bewegungserfahrungen ermöglicht und ein neuer Motivationsrahmen zur Wiederholung und Festigung sprachlicher Ziele geschaffen.
Die Einbindung in eine Erlebnisgeschichte erhält die Spannung bis zum Schluß. Im Gegensatz zu normalen aneinandergereihten Bewegungselementen, wird eine Handlung konzentriert vom Anfang bis zum Ende verfolgt. Durch die Identifikation mit der Geschichte werden Kreativität und Phantasie angeregt und die Ausdauer erheblich verlängert. Aufgaben, deren Bewältigung solidarisches Handeln voraussetzen, fördern Rücksichtnahme und Hilfsbereitschaft (vgl. Vilmin,1991, S. 212f).
Grundlage der Geschichte bildet eine Bewegungslandschaft. Diese wird nicht erst im Verlaufe der Einheit sukzessiv aufgebaut, sondern liegt beim Betreten der Halle bereit. Der Vorbereitungsaufwand rechtfertigt sich durch den hohen Aufforderungscharakter, der spürbar auf die Schüler wirkt.
Die Geräteaufbauten werden entsprechend der Spielhandlung als Brücke, Höhle, Tierhaus, Tunnel, Steg und Steine im Matsch oder Wasser,.... benannt. Sie sollten verschiedene grundlegende Bewegungsfertigkeiten ermöglichen, z.B. Balancieren, Springen, Herabspringen,..... . Wichtig ist, daß die Aufbauten in ihrem Schwierigkeitsgrad auf die Schüler abgestimmt sind, damit diese sich selbständig und selbsttätig in ihnen bewegen können (vgl. Doser, 1997, S. 24). Im Hinblick auf die Konstruktionseinheit empfiehlt es sich, gleiche Elemente wiederholt einzusetzen und in der Anordnung zu variieren.
In die Erlebnisgeschichte können offene Bewegungssituationen (siehe komplexe Einheit: Die Tiere suchen Futter) und/oder „Sprachstationen zum selbstgesteuerten Lernen" (siehe Verlaufsplanung: Die Pferde reißen aus) integriert werden.
Neben dem Wechsel zwischen großräumiger Bewegung und kurzfristigen Aufgabenstellungen in Form sprachlicher Übungen wird der Aufmerksamkeitsspanne der Schüler durch einen Wechsel zwischen Dynamik und Entspannung entsprochen.

Unterrichtsbeispiel: Die Pferde reißen aus

Verlaufsplanung:

Phase	Handlungsschritte	Kommentar
Vorstellen der Spielidee	Die Schüler versammeln sich in der Manege und verwandeln sich in Pferde um ein Zikusabenteuer zu erleben	Tücher liegen bereit Wortschatz: Mähne, Schwanz

Phase	Handlungsschritte	Kommentar
Spielhandlung 1	Die Tiere studieren in der Manege eine Pferdenummer ein. Danach werden sie in ihren Boxen gebürstet. Die Pferde sind müde, sie liegen ganz ruhig, sie machen die Augen zu und träumen: sie träumen von einem Apfel (Karotte, Heu), er ist rot und duftet , die Pferde riechen daran und atmen dabei tief durch die Nase ein	Bewegungsmuster siehe Sportunterricht Ganzkörperliche Eigenwahrnehmung Entspannungsübung Anregen der Phantasie: Entwickeln einer Geruchsvorstellung Harmonisierung der Atemführung
Spielhandlung 2	Der Traum macht die Tiere hungrig und sie beschließen, auszureißen. Sie wollen zu der Wiese mit dem guten Futter, der Weg ist gefährlich, sie müssen durch einen Tunnel, über .... Alle Tiere wollen zusammenhalten..... Die Tiere bewältigen den Weg und gelangen zum Futter, beim Essen bilden sie mit Hilfe der Satzbaukarten Sätze Die Pferde sind satt und machen sich auf den Rückweg. Der Dompteur hat sich schon Sorgen gemacht und empfängt die Tiere froh.	gemeinsame Handlungsplanung Wegbeschreibung erhöht die Spannung Sozialerfahrung Bewegungserfahrungen Sprachstation: Material ermöglicht selbständiges Arbeiten Vertiefung oder Variation der Bewegungserfahrungen
Abschluß	Die Pferde erzählen oder zeigen dem Dompteur, was ihnen gut gefallen hat	Gefühle und Erlebnisse können geäußert werden

Ergänzende Hinweise:
In diesem Unterrichtsbeispiel werden die Schüler mit dem Handeln innerhalb einer Bewegungslandschaft und im Rahmen einer Erlebnisgeschichte vertraut gemacht. Die Schüler agieren in der Gruppe unter Leitung des Lehrers, d.h. die Spiel- und Bewegungssituationen sind noch gelenkt. Die sprachlichen Förderinhalte, das Übungsmaterial, sowie seine Handhabung sind bekannt, so daß die Schüler an der Sprachstation lehrerunabhängig arbeiten können.
Auch die Bewegungslandschaft enthält bereits vertraute Elemente: Pferdeboxen und Manege, hier beginnt auch die Erlebnisgeschichte, so daß die Schüler allmählich in die Bewegungslandschaft eingeführt werden können. Der Geräteaufbau beinhaltet Wegalternativen (kurzer oder langer Tunnel, breiter oder schmaler Steg, Taxi oder Berg) und somit unterschiedliche Schwierigkeitsgrade, auch die Fortbewegungsart (Krabbeln oder Gehen, Springen oder Schreiten, Herabspringen oder Herablassen,......) entscheiden die Schüler.
Tip: Neben der exemplarisch beigefügten Skizze einer Bewegungslandschaft (siehe Abb. 5), finden sich Anregungen für Geräteaufbauten in der Fachliteratur zur Psychomotorik (Keller, 1995; Beudels; 1994)

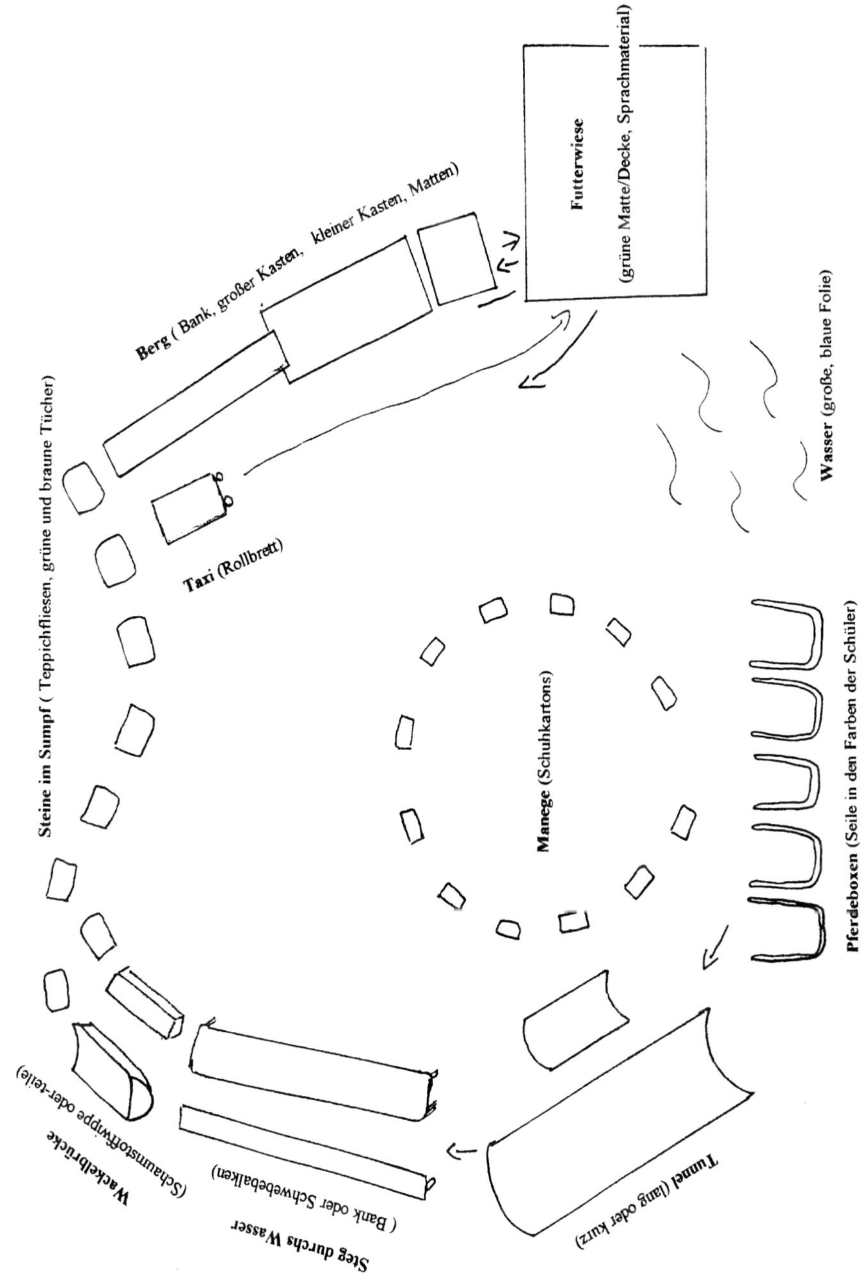

Abbildung 5: Beispiel für eine Bewegungslandschaft

Spielideen zum Clown

Ein Clown macht alles anders als die Normalen. Was er macht, übertreibt er: freut er sich, freut er sich riesig, ist er traurig, weint er ganz jämmerlich. Seine Gebrauchsgegenstände sind entweder bombastisch groß oder winzig klein – und er benutzt sie zu ganz anderen Tätigkeiten, z.B. Klobürste zum Zähne putzen (vgl. Manegenzauber, S. 60). Eine ideale Figur für sprachfördernde Übungen!

Wir schminken uns als Clowns

Pädagogische Zielsetzung:
- Bewußtes Wahrnehmen einzelner Gesichtsteile
- Unterscheiden ausgewählter Gesichtsteile (passiver Wortschatz): Mund, Nase, ...
- Benennen ausgewählter Gesichtsteile (aktiver Wortschatz)

Material: Spiegel, Schminke

Sonderpädagogische Hinweise:
- Das Angebot der Farben auf rot, weiß, schwarz beschränken
- Nach einer Phase des freien Schminkens zum gezielten Schminken anregen: Clownbild betrachten, geschminkte Teile benennen, diese an

Abb. 6 Johannes übt die Anbildung und Synthese ausgewählter Laute

sich selbst finden, sich mit dem Finger imaginär schminken, sich mit Farben schminken

- Auch das gegenseitige Schminken macht viel Spaß
- Material für Phasen freien Arbeitens bereitstellen: Variationsmöglichkeiten und Einbezugsmöglichkeiten gezielter Lautübungen siehe Anhang (Material zum selbstgesteuerten Lernen: „Schminken")
- Das Anmalen einer Clownschablone wirkt unterstützend für das gezielte Schminken und trägt zur Festigung des Wortschatzes bei (siehe Anhang: Material zum selbstgesteuerten Lernen)
- Der Einsatz des Liedes „Ich bin ein Clown", das die Vorgehensweise beim Schminken wiedergibt, ist zu empfehlen (vgl. Dank, 1995, S. 228)

Grimassenwettbewerb

Pädagogische Zielsetzung:

- Aktivierung der Sprechorgane
- Ausprobieren von Bewegungen mit Mund, Zunge, Lippen, Kiefer

Spielverlauf: Die Clowns veranstalten einen Grimassenwettbewerb, wobei die Aufgabenstellung zunehmend gezielter wird und vielfältige Bewegungsmuster anregt. Beispiele:

- Wer schneidet die schrecklichsten Grimassen?
- Wer kann am besten die Zunge rausstrecken?

Abb. 7: Wer kann am weitesten den Mund aufmachen?

- Wer kommt mit der Zunge bis zur Nase?
- Wer kann die Zunge nach oben rollen?
- Wer kann die Zunge kreisen lassen?
- ....?

Sonderpädagogische Hinweise:
- Im Vordergrund steht natürlich nicht der Leistungsgedanke, sondern der gemeinsame Spaß
- Der Einsatz eines Spiegels und/oder das Lehrervorbild kann zum Erfassen der Aufgabenstellung beitragen

Der Spiegel-Clown

Pädagogische Zielsetzung:
- Erfinden bzw. Imitieren von grobmotorischen Bewegungen
- Erfinden bzw. Imitieren von Bewegungen der Sprechorgane
- Aktivierung der Sprechorgane
- Einbau ausgewählter Funktionsübungen

Spielverlauf: Ein Clown gibt eine „Bewegungsvorstellung“, ein zweiter spielt den Spiegel und versucht alle Bewegungen direkt nachzumachen. Die Bewegungen werden langsam und gleichzeitig, wie in einem Spiegel sichtbar, durchgeführt. Das Einbeziehen von Grimassen ist sehr motivierend.

Sonderpädagogische Hinweise:
- Zum Nachmachen von Bewegungen der Sprechorgane wird durch die Imitation von grobmotorischen Bewegungen hingeführt
- Die Schüler finden es sehr lustig, wenn die Lehrkraft mitspielt, so können Bewegungsmuster zielgerichtet vorgegeben werden
- Zieldifferenzierung durch Anzahl, Auswahl und Schwierigkeitsgrad der Übungen
- In dieses Spiel können alle in der Literatur aufgeführten Funktionsübungen eingebaut werden, ohne daß für die Schüler ein Gefühl des „Übens“ entsteht

Der Echo-Clown

Pädagogische Zielsetzung:
- Variieren mit der Stimme (laut, leise, hell, dunkel,...)
- Nachahmen vorgegebener Geräusche
- Nachahmen von Lauten
- Nachsprechen von Wörtern (Sätze)
- Bewußtes Hören

Spielverlauf:
Ein Clown gibt eine lustige Vorstellung mit Purzeln, Stöhnen, Prusten, ..., ein zweiter spielt das Echo und versucht Geräusche, Stimmvariationen, Laute,...nachzuahmen

Sönderpädagogische Hinweise:
- Im Vordergrund steht das Experimentieren und der Spaß, nicht die perfekte Nachahmung
- In dieses Spiel können Lautanbildungsübungen (ausgerichtet auf einzelne Schüler) und die Übung ausgewählter Lautverbindungen eingebaut werden

Clown-Schule

Pädagogische Zielsetzung:
- Erkennen und Imitieren von Stimmodulationen (Freude, Ärger, Trauer,....)
- Unterscheiden und Imitieren von Stimmqualitäten (Lautstärke, Stimmhöhe)
- Imitieren von Bewegungen der Sprechorgane
- Imitieren bildlich dargestellter Mundbewegungen
- Übertragen bildlich dargestellter Mundbewegungen in Laute

Materialien: Schminke, Clownutensilien, Mundbewegungsbilder

Spielverlauf:
Auch eine Clownvorstellung will einstudiert sein, in der „Clown-Schule" lernen alle Clowns die notwendigen Kunststücke. Zu Beginn übernimmt die Lehrkraft die Rolle des „Oberclowns".

Sonderpädagogische Hinweise:
- die direkten sprachlichen Ziele (Funktionsübungen, Lautanbildungsübungen) wechseln mit Clowngrundfertigkeiten (Stolpern, Ohrfeige geben, Hinfallen, auf den Fuß des Partners treten,.......) ab. Lachen tut gut!
- Zur Unterstützung der Erarbeitung des Ausdrucks von Gefühlen (z.B. i!-Abneigung, o!-Staunen) können Sprachbewegungsbilder (siehe Anhang: Schminken) eingeführt werden. Es macht Spaß, wenn alle ganz übertrieben gezeigte Bilder in Laut, Mimik und Gestik umsetzen!
- Problemlaute einzelner Schüler können mit einbezogen werden.

Unser Clownblasorchester
(Abwandlung der Spielidee „Unser Kinderblasorchester“ von G. Gollwitz (1995, S. 45f)

Pädagogische Zielsetzung:
- Kräftigung der Ausatmung
- Den Instrumenten durch Blasen Töne entlocken
- Bewußte Steuerung der Ausatmung
- Blasen kurzer und langer Töne
- Verbindung von Atmung und Stimmgebung (Kazoo, Kamm)

Materialien: Peifen, Flöte, Spielzeugtrompete und Luftrüssel mit Tröter (in der Faschingszeit günstig erhältlich), Kazoo, Gartenschlauchtrompete („Kazoo in Gartenschlauchstück schieben, diesen etwas verdreht zusammenkleben, Plastiktrichter am anderen Ende befestigen“ aus: Manegenzauber, S. 41, siehe auch Abb. 9)

Spielverlauf:
Die Clowns entdecken in einer Kiste viele lustige Musikinstrumente. Nach dem Ausprobieren beschließen sie, ein Clownorchester zu gründen: zum Repertoire gehören laute chaotische Stücke, in denen alle durcheinanderspielen, sowie das geordnete Blasen nach Anweisung eines Dirigenten (Abb. 8)

Abb. 8

Sonderpädagogische Hinweise:

- Das freie Ausprobieren der Möglichkeiten der Instrumente kann nicht ohne Krach erfolgen, der besonders den Schülern großen Spaß macht (Als Lehrkraft hält man es am besten aus, wenn man mitbläst)
- Die Unterscheidung kurzer und langer Töne kann durch die Einführung von Tonkarten (Punkt = kurz, Strich = lang) unterstützt werden
- Die Tonkarten ermöglichen es allen Schülern, die Rolle des Dirigenten zu übernehmen
- Kamm und Kazoo werden mit Stimme (dü, u, ü, o, i,...) geblasen, zur Reduzierung der Schwierigkeit kann es sinnvoll sein, diese Instrumente getrennt einzuführen. Mögliche Vorübungen:
    - gegen die eigene Hand blasen
    - Luftstrom der Mitschüler spüren
    - in ein Fell blasen
    - gegen einen Spiegel blasen
- Das Blasen auf einem Kamm ermöglicht die Wahrnehmung der Lippenvibration. „Vibrationen in der Mundregion wirken entspannend und lokkernd“ (Gollwitz, 1995, S. 59)
- Die Instrumente sollten den Schülern frei zugänglich sein (z.B. im Freispiel): manche Schüler brauchen viel Zeit, bis es gelingt, den verschiedenen Instrumenten Töne zu entlocken. Der Anreiz ist jedoch sehr hoch und entsprechend groß die Anstrengungsbereitschaft.

Spielvariationen:

Dialogspiel:

Zwei Schüler unterhalten sich mit ihren Instrumenten: sie erzählen sich, streiten sich, versuchen Freundschaft zu schließen (vgl. Manegenzauber, S. 44). Dabei ist das Prinzip zu beachten, daß jeder die „Rede“ des anderen abwarten muß, bevor er mit seinem Instrument antwortet.

Abb. 9

Echospiel zu zweit:
Jeder versucht mit seinem Instrument die Tonlängen des Partners nachzuspielen

Tonkartenspiel zu zweit:
Ein Schüler dirigiert den Partner mit Hilfe der Tonkarten

Spielideen zu den Elefanten

Abb. 10

Elefantenkonzert

Pädagogische Zielsetzung:

- Identifizieren der Elefantenstimme
- Mundmotorische Imitation des Trompetens
- Sich trauen, laut zu „Rufen“
- Hören, wie die Lautqualität durch den Rüssel verstärkt wird
- Bewegung des Stampfens nachahmen

Material: Schuhkartons für die Manege, Schleuderhorne, Cassettenrecorder, Cassette

Spielverlauf:
Nach dem gemeinsamen Aufbau der Manege ertönt die Stimme eines Elefanten (Cassette). Die Schleuderhorne liegen bereit, so daß sich die Schüler in Elefanten verwandeln können. Laut trompetend, Rüssel schwenkend stampfen die Tiere rund um die Manege. Kunststücke werden gelernt und mit lautem Trompeten begleitet. Höhepunkt und Abschluß der Vorstellung bildet ein Elefantenkonzert.

Sonderpädagogische Hinweise:
- Jeder Schüler ahmt auf seine Weise die Stimme des Elefanten nach, wobei die Mitschüler oder die Lehrkraft inspirierend wirken können.
- Ein Schleuderhorn eignet sich durch die verzerrten Töne hervorragend zur Imitation von Tierstimmen.
- Sehr leise und gehemmte Schüler können sich durch die Verstärkung der Sprache selbst laut erleben
- Tip: statt Schleuderhorne können Flexrohrstücke (siehe Abb. 11) verwendet werden (im Baumarkt günstig erhältlich).

Elefantentelefon

Abb. 11

Pädagogische Zielsetzung:
- Die eigene Stimme und Lautstärke bewußt wahrnehmen
- Dosierung der Lautstärke
- Schulung der akustischen Aufmerksamkeit
- Genaues Hinhören auf fremde Lautstärke
- Förderung der Bereitschaft, sich verständlich mitzuteilen

Materialien: Schuhkartons für die Manege, „Rüssel"

Spielverlauf:
Die Elefanten flüstern sich der Reihe nach eine Botschaft ins Ohr, der letzte führt diese aus.

Sonderpädagogische Hinweise:
- Die Elefanten sprechen zunächst in ihr eigenes Ohr, um zu einer Dosierung der Lautstärke zu finden.
- Bei der Einführung des Spiels ist es am besten:
  - mit wenigen (vielleicht nur 2) Elefanten zu beginnen
  - zunächst Einwortbotschaften weiterzugeben, z.B. Dinge, die noch für die Vorstellung gebraucht werden.......

Die geschickten Elefanten

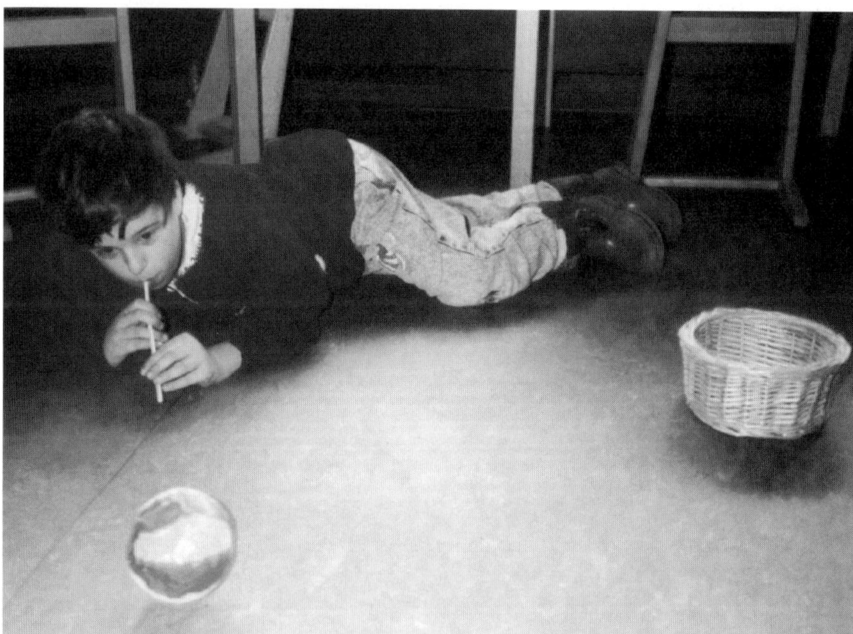

Abb. 12

Pädagogische Zielsetzung:
- Kräftigung der Ein- und Ausatmung
- Lenkung des Luftstroms durch den Mund
- Bewußte Atemführung

Materialien: „Rüssel", Tischtennisbälle
Spielverlauf: Die Elefanten probieren aus, was sie mit Ihrem Rüssel alles können: sie blasen sich gegenseitig an, malen ein Bild auf einen Spiegel (Hauchen), ...sie treiben einen Tischtennisball rund um die Manege.

Sonderpädagogische Hinweise:
Verwendet man Strohhalme als Rüssel, eröffnen sich neue Spielmöglichkeiten:
- Mit dem Rüssel trinken
- Wasser ansaugen und mit dem Rüssel spritzen
- Blasen in einem Wasserglas machen
- Chinabälle antreiben (Abb. 12)

Rüsselakrobaten
(Spielidee von G. Gollwitz; 1985, S. 70f)

Pädagogische Zielsetzung:
- Förderung der Zungenmotorik
- Rhythmisches Bewegen

Material: Elefantenmasken

Spielverlauf:
Die Schüler stampfen als Elefanten rhythmisch und schwer durch die Manege, die Arme dienen als Rüssel und führen pantomimisch verschiedene Tätigkeiten aus: Rüssel im Kreis schwingen, Baumstämme tragen, ... Dann setzen sich die Schüler Elefantenmasken auf, jetzt ist die Zunge der Rüssel, sie wird durch das Loch in der Maske gesteckt und führt die Bewegungen aus.

Sonderpädagogische Hinweise:
- Die feinmotorischen Zungenbewegungen werden grobmotorisch vorbereitet, als Zwischenschritt können die Übungen mit dem Finger, der als Rüssel durch das Loch gesteckt wird, durchgespielt werden.
- Zu den Bewegungen kann ein Vers gesprochen werden:
  „Der Elefant, der Elefant
  stampft munter durch das ganze Land.
  Er streckt den Rüssel raus und denkt sich etwas aus." (Gollwitz, 1985, S. 71)

Die Tiere suchen Futter

(Beispiel für die Gestaltung einer Unterrichtseinheit nach dem Konzept von Kleinert-Molitor)

Grundlegung

„Psychomotorische Sprachförderung nach Kleinert-Molitor beabsichtigt über spielerische Lernprozesse dem Kind die Möglichkeit zu geben, Handlungserfahrungen nachzuholen oder neue auszubilden und so den Prozess der Sprachaneignung zu unterstützen" (Grün, 1996, S. 43). Im Vordergrund steht der Handlungsbegriff, Psychomotorik und Sprachförderung treffen sich im Handeln-Lernen.

Eine Erlebnisgeschichte oder Rahmenhandlung mit eingepaßten Bewegungsaufgaben regt die Schüler an, die Situation zu steuern, sprachlich oder auch nonverbal einzugreifen; Sprache wird als Schlüsselwerkzeug erlebt.

Die Lehrkraft hat zunächst die Aufgabe, die Rahmenhandlung vorzustrukturieren. Während des Unterrichtes wird sie zum Handlungs- und Spielpartner und begibt sich mit in die Erlebnisgeschichte hinein. Indem sie die „Als-Ob-Realität" nicht durchbricht, wird sie zum Teil der für die Schüler als bedeutsam erlebten Situation, sie kann so als Sprachvorbild fungieren und Rückkopplung über emotionale, sprachliche, sachliche und soziale Prozesse geben. In diesem Dialoggeschehen sollte die Eigenaktivität der Schüler immer im Vordergrund stehen (vgl. Grün, 1996, S. 45f).

Kleinert-Molitor (1984, S. 5) unterscheidet nach dem Maßstab qualitativer und quantitiver Zunahme sprachlicher Anforderungen 3 Gruppen sprachfördernder Angebote:

1. Wahrnehmungs- und Bewegungshandeln mit Sprachbegleitung
2. Begegnung von Sprach- und Bewegungshandeln
3. Sprachhandeln mit Bewegungsbegleitung

Unterrichtsbeispiel: Wahrnehmungs- und Bewegungshandeln mit Sprachbegleitung

In dieser Phase steht die Förderung der Sensumotorik, eine experimentionale und nicht zielgerichtete „Ich- und Körperwahrnehmung" im Vordergrund. Sprache vollzieht sich im Hintergrund, sie wird von der Lehrkraft handlungsbegleitend eingesetzt, indem diese Dinge, Fähigkeiten, Gefühle verbalisiert (vgl. Pauliks; Brandt, 1996, S. 236).

Gemeinsame Planung, Durchführung und Erleben des Spielgeschehens lassen ein Gemeinschaftsgefühl entstehen. Es werden soziale Lernprozesse in Gang gesetzt, die sich positiv auf die Klassengemeinschaft auswirken.

Verlaufsplanung:

Phase	Gestaltung	Kommentar
Begrüßung	Die Tiere gehen bei leiser Musik ins Tierhaus und schlafen. L. berührt einen S. mit Stroh und sagt „Guten Morgen", diese Handlung wird von den S. weitergeführt, bis alle begrüßt sind.	Material- und Sozialerfahrung
Vorstellen der Spielidee	Die Tiere bekommen Hunger, sie rufen in ihrer Sprache(Tierlaut) den Tierpfleger. Der Tierpfleger kommt nicht, vielleicht ist er krank oder er schläft noch? Die Tiere versuchen es noch einmal durch lautes Rufen. Der Hunger wird größer, ... Die Tiere kommen auf die Idee, sich selbst etwas zu fressen zu holen	Situation regt zum Imitieren von Tierlauten und zum Äußern von Vermutungen an.
Gemeinsame Handlungsplanung	Die Tiere überlegen, wie sie aus dem Tierhaus kommen. Sie beschließen zum Futterhaus am Ende des Zirkusgeländes zu gehen, auch wenn es ein weiter und schwieriger Weg ist. Die Zirkusstraße kennen die Tiere schon, für den Rest brauchen sie Mut. Sie beschließen sich gegenseitig zu helfen.	L. verbalisiert von S. angedeutete Ideen Spannung In der Rolle eines Tieres kann der L.:
Aktive Spielhandlung	Die Tiere legen gemeinsam den Weg bis zum Futterhaus zurück (Wahrnehmungs- und Bewegungserfahrungen). Dort essen sie sich satt und ruhen sich zufrieden aus (Entspannung). Sie nehmen sich einen Futtervorrat mit (Steigerung der Schwierigkeit, diese Aufgabe übernehmen die bewegungsstärkeren S.) und machen sich auf den Rückweg. Der Tierpfleger hat sich schon Sorgen gemacht, er ist sehr froh, daß alle Tiere wieder da sind und bürstet sie liebevoll. Er erlaubt den Tieren frei im Zirkus herumzuspazieren.	1. die S. bei der Handlungsplanung unterstützen 2. als Sprachmodell fungieren (Beschreiben von.......) 3. Sozialmodell sein (Helfen) L. wechselt die Rolle Entspannung, Körperwahrnehmung
Abschluß	Die Tiere versammeln sich in der Manege und zeigen oder erzählen, wo es ihnen am besten gefallen hat.	Offene Bewegungssituation: freies Agieren in der Bewegungslandschaft entsprechend den individuellen Bedürfnissen. Gefühle können verbalisiert werden.

Fotoeindrücke

Abbildung 13

Abbildung 14

Abbildung 15

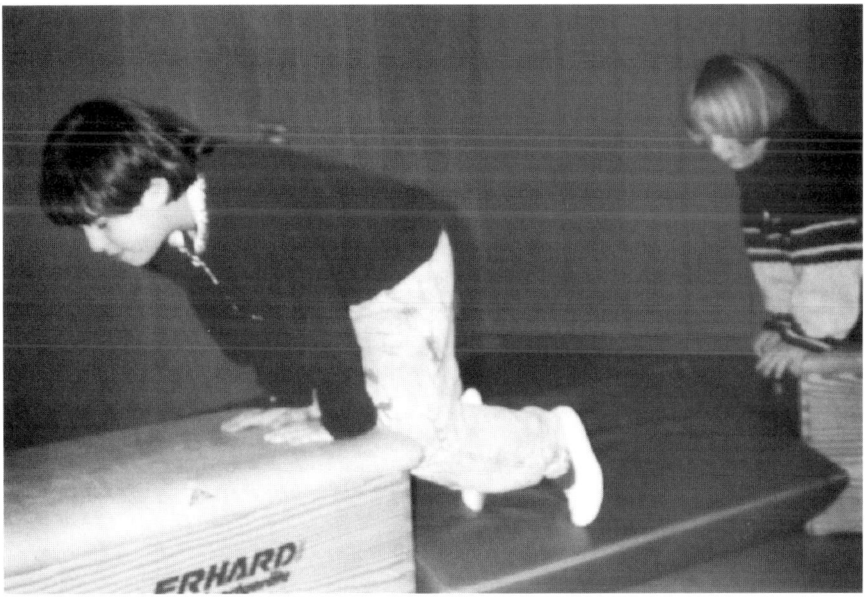

Abbildung 16

Abbildung 17

Abbildung 18

Die Tiere treffen sich heimlich in der Manege

Unterrichtsbeispiel: Begegnung von Sprach- und Bewegungshandeln

In dieser Phase wird Sprache „durch entsprechende Situationsgestaltung zum unverzichtbaren Bestandteil der Spielaktivitäten, die weiterhin sensumotorische Fertigkeiten und Fähigkeiten festigen und ausdifferenzieren" (Kleinert-Molitor, 1986, S. 7).
Sprache wird von den Schülern als vielfältiges Handlungsmittel (Kontaktaufnahme, Planung, Einflußnahme auf Aktivitäten und Lösungswege, Begleitung von Handlungsdurchführungen, Formulierung von Wünschen, Bedürfnissen, Empfindungen, ...) erfahren. Die Spielangebote sind so konzipiert, daß sie zum Gebrauch von Sprache auffordern. Die enge Situationsanbindung ermuntert auch schwer beeinträchtigte Schüler sich verständlich zu machen.

Verlaufsplanung:

Phase	Gestaltung	Kommentar
Begrüßung und Verwandlung in Tiere	Begrüßungsmatte: L. nimmt ein Tuch und beginnt: „Ich sehe einen Tunnel", dann gibt er das Tuch an einen S. weiter, dieser sagt oder zeigt, was er sieht, ... Die S. entscheiden sich, welches Tier sie sein wollen (Pferd oder Elefant), benennen und holen die notwendigen Verwandlungsutensilien und begeben sich in das entsprechende Tierhaus. (Für schwerbehinderte S. liegen Stofftiere bereit, damit sie ihren Wunsch durch Zeigen ausdrücken können)	Bewegungslandschaft regt zu spontanen Äußerungen an. Anbieten des Satzmusters: Ich sehe..... Die bekannten Utensilien , sowie die Tierhäuser regen die S. an, sich in Tiere zu verwandeln. Wortschatzübung: Mähne, Rüssel,...... (Übung der Zeigegeste)
Vorstellen der Spielidee	Elefanten und Pferde sitzen in ihren Häusern und langweilen sich. Sie rufen sich gegenseitig. Ein Tier (L.) hat die Idee, daß sich alle Tiere in der Manege treffen, um dort miteinander zu spielen.	Impulse zum lauten Rufen: Tierlaute oder „Hallo Pferde". „Kommt!" oder „Kommt in die Manege!"
Handlungsplanung und - ausführung	Es gibt ein Problem: Ein Teil des Weges zur Manege ist zerstört .... Idee: er muß neu gebaut werden. Elefanten und Pferde gestalten sich jeweils ihren Weg.	Bereitgestellte Geräte regen zur Problemlösung an. Offene Situation: Förderung von Kreativität, Absprachen, Zusammenarbeit
Spielhandlung	Elefanten und Pferde legen ihren Weg zur Manege zurück, dort treffen sie zusammen. Sie spielen in der Manege.	Bewegungserfahrungen Offene Situation: Bewegungs- und Sozialerfahrungen.

Phase	Gestaltung	Kommentar
Abschluß	Sie zeigen sich gegenseitig, was sie können, z. B. traben, galoppieren, springen, wiehern, sich auf der Stelle drehen,.........(Pferde), trompeten, stampfen, Rüssel schwenken, drehen, ...(Elefanten)	Anbieten des Satzmusters: ich kann......(Die Sprache kann der Handlung vorausgehen oder sie begleiten). Festigen und Ausdifferenzieren von Bewegungsmustern (diese wurden im Sportunterricht erarbeitet).
	Jedes Tier bewegt sich so in der Manege, wie es ihm gefällt. Manche Tiere ruhen sich in den Boxen aus. Die Tiere haben genug gespielt und begeben sich wieder in ihre Tierhäuser.	Offene Situation mit möglichem Wechsel zwischen Entspannung und Bewegung, je nach den individuellen Bedürfnissen.
	Alle treffen sich auf der Begrüßungsmatte, jeder sagt oder zeigt, was ihn beeindruckt hat (dabei wird ein Tuch weitergereicht).	Bewegungserfahrungen Reflexion: Gefühle, Erfahrungen, Erlebnisse können ausgedrückt werden.

Ergänzende Hinweise:

- Jeweils der erste Teil der beiden Wege, die von den Tierhäusern zur Manege führen, wird beim Geräteaufbau ausgespart und soll von den Schülern gestaltet werden. Die dafür bereit gestellten Bauelemente sollten den Schülern in ihren Verwendungsmöglichkeiten bekannt und leicht transportierbar sein, um ein selbständiges Arbeiten zu ermöglichen.
- Die Tierhäuser werden durch große Poster gekennzeichnet.
- Die Tierboxen am Manegeneingang (siehe Abb. 5) erleichtern durch die dem Material innewohnende Ordnungsstruktur in der offenen Lernsituation in der Manege eine Selbstregulierung der Schüler.

Fotoeindrücke

Abbildung 19

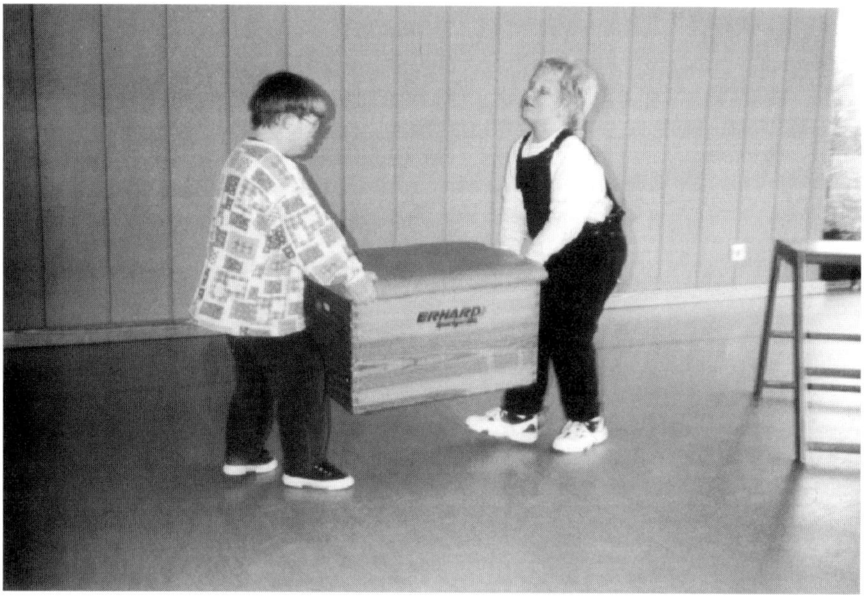

Abbildung 20

Abbildung 21

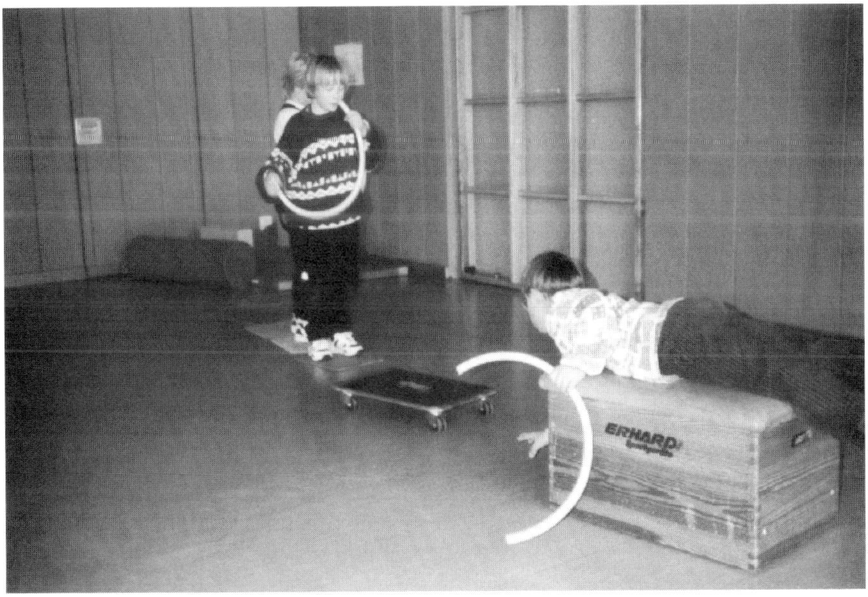

Abbildung 22

Abbildung 23

Spielideen zu den Bären

Bärentanz

Pädagogische Zielsetzung:
- Sich in einen Bär verwandeln und Gangart (Tapsen) und Stimme (Brummen) entsprechend ausrichten
- Aussagen (in Sätzen) beachten und mit Handlungen begleiten
- Festigung ausgewählter Begriffe (aktiver und passiver Wortschatz)
- Wahrnehmen (Übernehmen) von Satzmustern

Material: braune Decken als Verkleidung, Schuhkartons für die Manege

Spielverlauf:
Voraus geht der Bau der Manege, bei der sich die Lehrkraft zunehmend zurückhält.
Die Schüler verwandeln sich in Bären und tapsen brummend durch die Manege. Dem freien Bewegen folgt der Bärentanz: Zu einem Spiellied führen die Schüler die entsprechenden Bewegungen aus.

Sonderpädagogische Hinweise:
- Das Spiel setzt voraus, daß die Schüler sich eine reale Vorstellung von einem Bären machen können, die Erarbeitung charakteristischer Eigenschaften, äußerer Merkmale und Verhaltensweisen muß bereits erfolgt sein.
- Die rezeptive Dimension der Sprachverarbeitung bereitet die Ausformung von Sätzen vor: die passive sprachliche Leistung ist höher als das Sprachvermögen, simultane Begleithandlungen wirken sich positiv aus (vgl. Gollwitz, 1995, S. 100f).
- Das eingesetzte Spiellied sollte einfache, syntaktische Grundformen, sowie sich wiederholende Begriffe enthalten, um die Einprägung und das Umsetzen in Bewegung zu erleichtern, sowie zum Mitsingen anzuregen.
- Tip: Ein geeignetes Spiellied findet sich in dem Buch „Probier's mal mit Musik" (Dank, 1995, S. 182). Ggf. kann es durch Textabwandlung für die eigene Klasse passend gemacht werden.
- Anmerkung: Auf den Einsatz von Spielliedern zur Sprach- und Kommunikationsförderung sollte nicht verzichtet werden: Bei diesen, wie auch bei einfachen Kinderspielen „beeindruckt ihre Unmittelbarkeit und Selbstverständlichkeit, mit der sie zur begleitenden Handlung anregen". Sie spiegeln die kindliche Erlebniswelt, die von Wiederholungen geprägt ist, wobei diese „keine mechanistischen Tätigkeiten" sind, sondern sich durch eine „Haltung der freiwilligen Bindung" charakterisieren lassen (vgl. Gollwitz, 1995, S. 110f).

Bären lieben Honig

Pädagogische Zielsetzung:

- Verbesserung der Zungenmotorik
- Sensibilisierung des Mundbereiches
- Ausführung gezielter Zungenbewegungen

Material: braune Decken; Schuhkartons, Honig, Teller, Löffel

Spielverlauf:
Die Bären üben in der Manege eine Bärennummer ein, für ihre Anstrengungen werden sie mit Honig belohnt.

Sonderpädagogische Hinweise:
In die Spielidee werden Funktionsübungen der Zunge integriert, z.B.

- Honig von einem Teller lecken
- Honig im Mundbereich wahrnehmen (Oberlippe, Unterlippe, Mundwinkel) und gezielt ablecken
- Zunge kreisförmig über Unter- und Oberlippe streichen

Bärenruhe

(Abwandlung der Spielideen „Die Bären schlafen“ von Gollwitz (1987, S. 47) und der „Bärenruhe“ von Beudels (1996, S. 130)

Pädagogische Zielsetzung:

- Lockerung und Entspannung des ganzen Körpers
- Entspannung einzelner Körperteile
- Entspannung der Atmung
- Artikulation der Laute: ch, r
- Erspüren von Vibrationen im Mundraum
- Anregung innerer Bilder

Materialien: Decken, Kissen, Tücher, Möbel im Klassenraum, Schaumstoffteile, Schuhkartons

Spielverlauf:
Jeder Bär baut sich aus den bereitgestellten Materialien eine kuschelige Höhle, in der er sich nach der Vorstellung ausruht. In der Höhle ist es warm, die Bären werden ganz still und müde, sie liegen ruhig, ohne sich zu bewegen, die Arme werden warm und schwer,........
die Bären schlafen fest und beginnen zu schnarchen (ch2 – Laut). Der Dompteur geht zu den einzelnen Bären, krault diese am Hals, am Kopf, wobei er sagt „Schnurre mein kleines Bärchen“ (R – Laut)........ Die Bären träumen von süßem Honig, sie lecken sich über die Lippen...............

Sonderpädagogische Hinweise:

- Die in eine Geschichte eingekleideten Übungen zur Entspannung als Vorform des autogenen Trainings führen auch hyperaktive Kinder über die Ruhe zur Selbstwahrnehmung
- Tragend für die Entspannungs-, Schwere- und Wärmeübungen ist die Stimme und Sprache der Lehrkraft. Mit ruhiger, etwas abgesenkter und besänftigender Stimme sollten einfache Sätze gebildet werden. Eingebaute Ermunterungen „Fühl mal, wie..." oder „Sieh mal, wie..." entfalten eine suggestive Wirkung und regen zur Entwicklung innerer Bilder an (vgl. Müller, 1995, S. 9f).
- Die Dauer und Gestaltung der Phantasiereise richtet sich nach dem Vermögen und Vorerfahrungen der Schüler.
- Durch die Rückenlage, die Entspannung und die leicht hypnotische Situation entsteht aus der Bildung des ch2- Lautes (Schnarchen) leicht ein lockeres Zäpfchen -R (Schnurren) (vgl. Gollwitz, 1987, S. 47).

Die frierenden Bären

(Abwandlung einer Idee von Gollwitz, 1987, S. 45)

Pädagogische Zielsetzung:

- Sprache in Bewegung umsetzen
- Wahrnehmen eigener und fremder Körpervibrationen
- Bewußtes Wahrnehmen einzelner Körperteile
- Laute als Bedeutungsträger erfahren
- Anbildung des B oder Br
- Anregen der Phantasie

Spielverlauf:

Die Bären tanzen in der Manege. Plötzlich kommt ein ganz kalter Wind auf, es wird immer kälter, die Bären können sich nicht mehr bewegen, sie frieren, sie zittern, sie zittern an den Armen,......... sie bibbern, sie bibbern ganz laut bbbb,br br br

Die Bären wollen sich gegenseitig wärmen, sie umarmen sich, sie spüren, wie der andere zittert. Alle Bären stellen sich ganz dicht beieinander, halten sich warm, bis der Wind aufhört. Froh beginnen die Bären wieder zu tanzen.

Sonderpädagogische Hinweise:

- Die Lehrkraft „spielt" den Wind durch mundmotorische Reproduktion und lenkt somit nebenbei die Aufmerksamkeit auf verschiedene Lautbildungen: sch ffff ffssss.
- Durch Stimmveränderungen suggeriert die Lehrkraft ein Kältegefühl, die Aussagen können durch Gesten und Laute verstärkt werden.

- Damit die Körpervibrationen besser wahrgenommen werden können, sollte auf Decken zur Verkleidung verzichtet werden.
- Tip: Bei Gollwitz (1987, 1995) finden sich zahlreiche Anregungen zur spielerischen Anbildung von Lauten.

Brummbären

Pädagogische Zielsetzung:
- Schulung des Gehörsinns
- Erkennen der Geräuschsrichtung
- Imitieren der Bärenstimme
- Bewußtes Verändern der Stimmhöhe

Material: Bärenmasken ohne Augenlöcher, Manege

Spielverlauf:
2 Bären versuchen sich „im Dunkeln“ in der Manege durch lautes Brummen zu finden.

Variationen:
- Papabär und Kindbär suchen sich (unterschiedliche Stimmhöhen)
- Die ganze Bärenfamilie sucht sich
- verschiedene Tierpaare suchen sich (akustische Differenzierung der Tierlaute)

Wir wählen uns eine Arbeit aus

(Sprachförderung im Rahmen von Freiarbeit)

Grundsätzliche Überlegungen

Eine Form offenen Unterrichtes, die selbstgesteuertes Lernen ermöglicht, stellt die Freiarbeit dar. Kern der Freiarbeit ist die *Freie Wahl* des Materials, des Arbeitsplatzes und der Sozialform: Die Schüler suchen sich unter bereitgestellten Materialien eine Arbeit aus, überlegen ob sie allein oder mit Partner arbeiten möchten und richten sich ihren Arbeitsplatz ein, dieser kann z. B. auch mit einem kleinen Teppich auf dem Fußboden abgegrenzt werden. Während der Arbeitsphase beobachtet die Lehrkraft und hilft bei Bedarf. Nachdem die Schüler ihre Arbeit beendet haben, kontrollieren sie sich durch die zum Material gehörende Selbstkontrolle und räumen den Arbeitsplatz auf. In der Reflexionsphase zeigen oder erzählen sich die Schüler gegenseitig, was sie gearbeitet haben. Die Erfahrung zeigt, daß die „Praxis der Freiarbeit selbst dazu beiträgt, ihre Voraussetzungen zu erfüllen, auch wenn das beobachtbare Lernverhalten zunächst dagegen zu sprechen scheint“ (Köhnen, 1997b, S. 17). Entscheidend für

das Gelingen ist die Auswahl des Materials, dieses muß den Entwicklungsstand der einzelnen Schüler berücksichtigen und gezielte eigenständige Lernprozesse ermöglichen (vgl. Köhnen, 1997a, S. 10f).
Sind die Schüler einer Klasse bereits an Freies Arbeiten gewöhnt, besteht die Aufgabe der Lehrkraft nur darin, auf die Schüler zugeschnittene sprachfördernde Materialien zu entwickeln und bereitzustellen.
Ist den Schülern diese Unterrichtsform nicht vertraut, muß die Einführung Schritt für Schritt erfolgen, hierbei sind im Rahmen des Zirkusvorhabens folgende erste Hinführungen denkbar (darüber hinausgehend Interessierten sei die zur Freiarbeit in der Schule für Geistigbehinderte aufgeführte Literatur empfohlen):

- Im Vorhabenunterricht werden Materialien eingeführt, die sich zum selbstgesteuerten Arbeiten eignen (Die zum Zirkusthema entwickelten Materialien (siehe Anhang) sollen, sofern sie nicht für die eigenen Schüler verwendet oder abgewandelt werden können, als Anregung dienen).
- Sind die Schüler mit der Handhabung der Materialien vertraut, werden diese in einem offenen Regal übersichtlich angeordnet, wobei jedes nur einmal vorhanden ist und einen festen Platz bekommt.
- Die Lehrkraft reserviert eine feste Zeit am Tag, in der die Schüler frei wählen können, mit welchen Material sie arbeiten möchten.
- Für diese Unterrichtphase werden gemeinsam erste Regeln festgelegt, ohne die freies Arbeiten in einem Raum nicht gelingen kann:
    - ich arbeite leise
    - ich suche mir nur eine Arbeit aus
    - ich beende meine Arbeit.

Die Freie Wahl erhöht nicht nur die Lernfreude und fördert die Entwicklung einer positiven Arbeitshaltung, sondern sie gibt den Schülern vor allem die Möglichkeit eigene Bedürfnisse zu entdecken und sich so oft mit einem Lerngegenstand zu beschäftigen, bis sie ihrer neu gewonnenen Fähigkeit sicher sind. (Bei einen Schüler, der Schwierigkeiten beim Pusten hatte, konnten wir beobachten, daß er so lange immer wieder das entsprechende Material wählte, bis es ihm gelang, alle Tiere in ihren Stall zu treiben). Durch die Selbsttätigkeit lernen die Schüler auch ohne Lehrkraft aktiv zu sein, mit zunehmender Selbständigkeit und Selbstsicherheit nehmen auch die freiwilligen Sprachaktivitäten zu. Die sich aus der Konzeption ergebenden Sprachanlässe sind vielfältig: Absprachen bei der Materialauswahl und Partnerwahl, Verständigung bei der Zusammenarbeit, Verbalisierung der Tätigkeit in der Reflexionsphase.
Von großer Bedeutung ist das regelmäßige, möglichst tägliche Praktizieren der Freiarbeit, damit die zugrunde liegenden Regeln verinnerlicht und die so entstehenden Freiräume genutzt werden können. Dabei verbinden sich die in dieser Unterrichtsform gewonnenen Erfahrungen mit denen

anderer offener Unterrichtssituationen und wirken wechselseitig unterstützend, dies gilt für Schüler und Lehrkräfte gleichermaßen.

Fotoeindrücke von der Freiarbeit

Abb. 24: Daniela gestaltet einen Clown

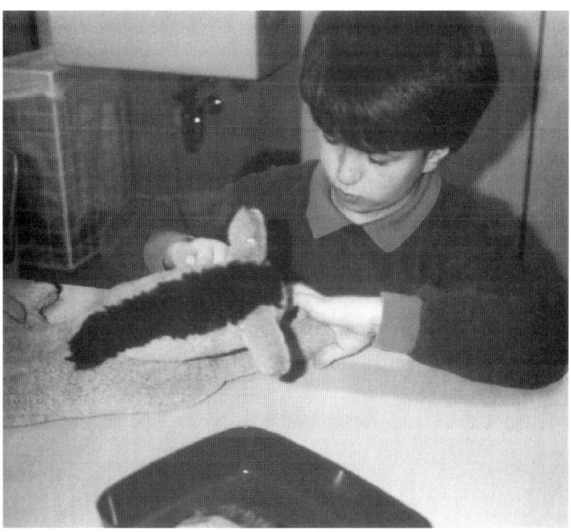

Abb. 25: Elena bürstet das Pferd

Abb. 26: Denis versieht den Tierwagen mit Gitterstäben (Schneide- und Klebeübung)

Abb. 27: Die Kieselsteine sind kalt!

Abb. 28: Tobias „treibt“ die Pferde in den Stall

Abb. 29: Wohin gehört das Ohr?

Abb. 30: Johannes baut eine Manege für seine Pferdenummer

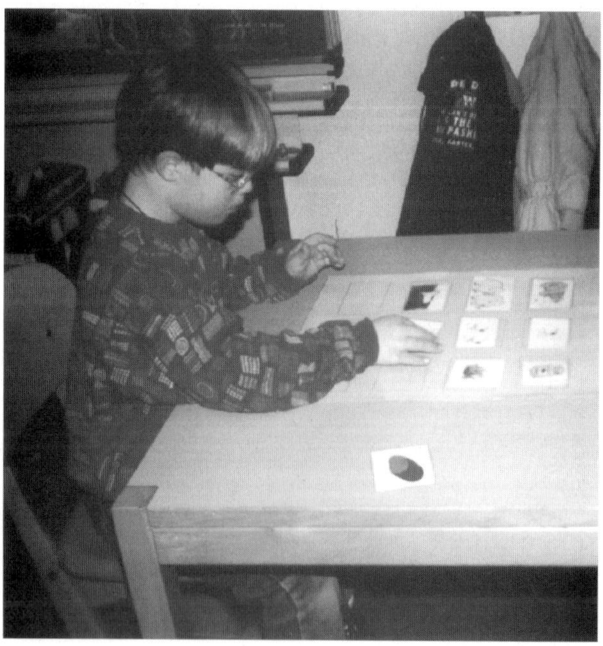

Abb. 31: Tobias bildet Sätze

Der Zirkus erwacht: Wir machen eine Geräuschgeschichte

Grundsätzliche Überlegungen

Eine grundlegende Aufgabe der Sprachförderung ist es, die Aufmerksamkeit auf den auditiven Bereich zu lenken. Wenn andere sprechen, achten die Schüler vor allem auf die Bedeutung, nicht jedoch auf Klanggestalt und Satzstruktur.
Zur Aktivierung des „Hörens auf die Sprache anderer" und des „Sich Selbsthörens" können auf der Ebene der Geräusche und Laute grundlegende Erfahrungen des Identifizierens und Vergleichens in spielerischer, alle Schüler ansprechender Weise, gewonnen werden. Diese können als „Plattform" für die Arbeit auf der Wort- und Satzebene dienen, wirken sich jedoch auch direkt auf diese aus, da sich die verschiedenen Sprachebenen gegenseitig beeinflussen (vgl. Gollwitz, 1995, S. 67).

Mit der Herstellung einer Geräuschgeschichte können wichtige Lerninhalte in motivierender Form realisiert werden. Besondere Bedeutung kommt dabei dem *aktiven Hören* zu. Nach dem Hören und Identifizieren eines Geräusches wird die Geräuschqualität möglichst treffend mit dem Mund nachgeahmt. „Das Hören von Geräuschen ist aus ganzheitlicher Sicht intensiver, wenn es über Lautimitation zur produktiven Leistung wird. Die Kinder suchen kreativ nach immer neuen Möglichkeiten der mundmotorischen und stimmlichen Darstellung und vergleichen ihre Lautproduktion immer wieder unmittelbar mit dem Hörvorbild" (Gollwitz, 1995, S. 70). Ein wertvoller Prozess, da auch der Erwerb der Lautsprache ähnlich diesem abläuft!

Der Übergang zur Lautebene ist fließend, so daß die mundmotorische Umsetzung eines Geräusches zugleich auch eine Artikulationsübung beinhaltet, und somit auch gezielt im Hinblick auf einzelne Schüler iniziiert werden kann.

Hinführung

Voraussetzung zur Herstellung einer Geräuschgeschichte ist die Arbeit mit Geräuschen. Hier kann bereits der Cassettenrecorder eingesetzt werden: die Lehrkraft hat sowohl typische Zirkusgeräusche (z.B. Tierstimmen), als auch Alltagsgeräusche, die zum Zirkus passen, aufgenommen (Quellenangabe im Anhang, siehe Materialien zum selbstgesteuerten Lernen). Aufgabe der Schüler ist es, diese zu identifizieren und auf Abbildungen zu erkennen, es wird mit einer kleinen Anzahl begonnen. Bei der Imitation gilt zu beachten, daß jeder Schüler seine Höreindrücke individuell umsetzen darf.

Die Entstehung der Geschichte

Als Arbeitsgrundlage dienen die Geräuschbilder. Durch sie können die Schüler auswählen, welche Geräusche in ihrer Zirkusgeschichte vorkommen sollen. Selbstverständlich werden auch neue Geräuschideen aufgegriffen, indem ein entsprechendes Geräuschbild hergestellt wird. Aufgabe der Lehrkraft ist es, die ausgewählten Bilder in eine Geschichte einzubinden. Bei der Aufnahme spricht die Lehrkraft den Text, die Schüler sind für die Geräusche verantwortlich. Mit oder ohne Unterstützung der Abbildungen werden diese an den richtigen Stellen (Zuhören!) produziert.
Anmerkung: Die Schüler wollten ihre Geschichte immer wieder hören. Dabei konnten folgende Beobachtungen gemacht werden:

- die Schüler lautierten beim Hören jedesmal mit
- bei gehemmten Schülern nahm die Lautstärke zu
- bei nicht- oder kaum sprechenden Schülern nahm die Lautvielfalt zu.

Beispiel für eine Geräuschgeschichte: „Unser Zirkus Riesengroß erwacht“
(entstanden in der Klasse U1 der Levana Schule, Schweich)

Es ist früh am Morgen. Clown Bubu schläft noch tief und fest (ch2 – Schnarchen).Um die Zirkuswagen bläst der Wind (ffff). Bubu kuschelt sich unter seine Decke und schnarcht noch lauter (ch2). Da klingelt der Wekker (rrr ,.....). Bubu wird wach und streckt sich (hua). Er hört im Bett die Tiere rufen: die Pferde wiehern (...), die Katze miaut (miau), die Löwen brüllen (ch, groar, cha), die Elefanten trompeten (töröhh), die Bären brummen (br, brumm, mm) und die Zirkusmäuse piepsen (piiiiiep).
Der Wind bläst stärker (ffschsch). Bubu muß husten (...). Er hat noch keine Lust aufzustehen, ihm ist kalt (bbbb,brbr). Die Tiere haben Hunger und rufen noch lauter: die Pferde...........(Wiederholung!).
Der Zirkusdirektor klopft (...) an die Tür des Zirkuswagens und ruft (Bubu). Die Kirchenglocken läuten (bim-bam). Bubu springt aus dem Bett und gurgelt (.....). Er dreht den Wasserhahn nicht richtig zu (dddd, plopp). Bubu begrüßt den Morgen mit seiner Trompete (dedödedö). Er öffnet die Wagentür (iank) und geht (...) die Tiere füttern. Alle Tiere freuen sich: die Pferde...............(Wiederholung!).
Bubu holt seine Trompete und alle begrüßen sich (Tierstimmen und Trompete durcheinander).

Spielideen zu den Löwen

Der schlafende Löwe

(Abwandlung einer Spielidee von G. Gollwitz (1995, S. 29)

Pädagogische Zielsetzung:
- Wahrnehmung vibratorischer Eindrücke
- Stimme des Löwen imitieren

Material: Weichbodenmatte, Löwenmaske

Spielverlauf:
Der Löwe liegt auf einer schwingungsfähigen Unterlage und „schläft“. Auf seinem Bauch befindet sich ein Käsestück, das die Zirkusmäuse gerne stibitzen würden. Aus verschiedenen Richtungen schleichen sie an. Spürt der Löwe eine Erschütterung der Unterlage, verjagt er die Maus mit lautem Fauchen (ch, chr, r).

Sonderpädagogische Hinweise:
- ebenfalls als Unterlage eignen sich: Luftmatratze, Luftkissen, Wasserbett
- die Handinnenflächen sollten auf der Unterlage aufliegen, ein Ohr ihr zugewandt sein
- bei wahrnehmungsschwachen Schülern verursacht eine Maus (Lehrkraft) starke Erschütterungen

Variation:
Der wache wütende Löwe wird zunächst von den Mäusen durch Bewegungen der Unterlage besänftigt und in den Schlaf geschaukelt.

Die verzauberten Löwen

(Abwandlung einer Spielidee von G. Gollwitz, 1995, S. 9)

Pädagogische Zielsetzung:
- Förderung der Eigenwahrnehmung
- Unterscheidung angespannter und entspannter Körperhaltung
- Förderung der Reaktionsfähigkeit
- Imitation der Löwenstimme

Spielverlauf:
Die Löwen bewegen sich in der Manege und fauchen sich gegenseitig an. Der Dompteur kann sie mit Hilfe eines Zauberspruches erstarren lassen (und wieder zum Leben erwecken).

Sonderpädagogische Hinweise:

- mit ruhiger Stimme hilft der Dompteur den Löwen ihren angespannten Körper wahrzunehmen
- erstarren die Löwen während des Fauchens, läßt sich auch der angespannte Mundraum deutlich fühlen

Löwen unter sich

Pädagogische Zielsetzung:

- Erkennen und Anwenden von Stimmodulationen
- Erkennen und Anwenden von Sprechmelodien
- Anregen der Phantasie und der Kreativität
- Mundmotorische Imitation der Löwenstimme

Spielverlauf:

Zwei Löwen unterhalten sich in Löwensprache. Dabei gilt das vom Instrumentendialog bekannte Prinzip zu beachten, daß jeder die Rede des anderen abwartet, bevor er spricht. Die Löwen stellen Fragen, antworten, drücken Wut oder Freude aus.....

Sonderpädagogische Hinweise:

- der Einsatz von Gesten und Mimik zur Ausdrucksunterstützung ist gewünscht
- durch das Fehlen der konventionellen Sprache können sich die Schüler besser auf die Stimmveränderungen konzentrieren

Im Zirkus gibt es viel zu hören: Beispiel für einen „Sprach-Zirkel"

(Abwandlung des „Sonderpädagogischen Zirkels" und des „Sprachtherapeutischen Zirkels" von I. Olbrich (1994)).

Grundsätzliche Überlegungen

Der Sprachzirkel ist eine sehr ansprechende Form sowohl der Entwicklungsbedingung Bewegung zu entsprechen, als auch selbstgesteuertes Lernen zu ermöglichen. In der Turnhalle werden „Sprachstationen" aufgebaut und mit psychomotorischen Materialien miteinander verbunden. Auch hier erfolgt der gesamte Aufbau vor Beginn des Unterrichtes. Eingebettet in das Vorhabenthema können an den Sprachstationen unter einem Förderschwerpunkt, z.B. Hören, verschiedene Übungsformen bereitgestellt werden.
Wie bei allen Formen offenen Unterrichtes sind zur eindeutigen Orientierung der Schüler einige klare Rituale und Regeln unerläßlich. „Es muß

betont werden, daß mit dem Grad der Einhaltung der äußeren Ordnungsstrukturen der Erfolg dieser Arbeitsweise steht und fällt“ (Vögler, 1997,S. 14):

- Die Realisation des Sprachzirkels gliedert sich analog dem Lernen an Stationen (vgl. Vögler, 1997,S. 13f) in 4 Teile:
  - In einem *Anfangsgespräch* wird der Aufgabenschwerpunkt besprochen und bei Bedarf werden die Arbeitsregeln wiederholt. Der Gesprächskreis sollte immer an der gleichen, für alle erkennbar gekennzeichneten Stelle (Gesprächsmatte oder Teppichfliesenkreis) erfolgen.
  - Ein *Rundgang*, in dem die Sprachstationen vorgestellt werden, kann sich anschließen. Haben die Schüler bereits Zirkelerfahrung kann die Vorstellung auch im Gesprächskreis stattfinden.
  - Das Erproben des Zirkels (Arbeitsphase) bildet den Hauptteil.
  - Zum Abschlußgespräch finden sich wieder alle im Kreis zusammen. Hier bewährt sich ein „Sprechgegenstand“, wer ihn in der Hand hält, hat das Wort und kann Erlebnisse, usw. zum Ausdruck bringen.
- Als Arbeitsregeln gelten:
  - Ich arbeite und bewege mich so leise (auch bei der Partnerarbeit), daß andere nicht gestört werden.
  - Ich beende meine Arbeit, bevor ich eine neue Station aufsuche.

Während der Arbeitsphase bewegen sich die Schüler frei im Zirkel. Sie können die Reihenfolge und die Anzahl der Stationen selbst bestimmen, d. h. es sind nicht alle Stationen verpflichtend. Die Schüler können entsprechend ihren Bedürfnissen an einer Station verweilen und auch eine Station zweimal aufsuchen, dies beinhaltet natürlich auch Absprachen mit anderen. Neben dem Grundsatz der Freiwilligkeit gilt der Grundsatz der Angemessenheit: „ Die Schüler finden bei jeder Aufgabe verschiedenen Schwierigkeitsgrade vor und entscheiden selbst über ihre eigenen Ansprüche, es kann jederzeit Hilfe durch die Pädagogin in Anspruch genommen werden, die aufmerksam beobachtend teilnimmt“(Olbrich, 1994, S. 112).

Zur inhaltlichen Gestaltung sind Variationen denkbar:

- Angebote zu unterschiedlichen Förderschwerpunkten (z. B. Hören, Mundmotorik, Satzbildung,.........)
- Einbettung von speziellen Sprachstationen, die auf individuelle Förderbedürfnisse einzelner Schüler ausgerichtet sind, z. B. Übung des „sch“.

Bei der unterrichtlichen Einführung des Sprachzirkels sollte:

- die Anzahl der Sprachstationen auf vier begrenzt werden
- eine Sprachstation zwingend auf Partnerarbeit angelegt und als solche gekennzeichnet sein
- das Material zum selbstgesteuerten Lernen an den Sprachstationen den Schülern bekannt sein

• eine Station entspannende Funktion haben.

Zur Hinführung, wenn die Zeit zur aufwendigen Vorbereitung fehlt, die Turnhalle besetzt ist, oder.......können die Sprachstationen auch im Klassenraum aufgebaut werden. Rituale und Arbeitsregeln bleiben gleich.

Unterrichtsbeispiel

Förderschwerpunkt:	*Nichtsprachliche Hörerziehung*
Auditives Ziel:	Geräusche und Tierstimmen erkennen
Mundmotor. Förderung:	Imitation von Geräuschen und Tierstimmen
Motorische Förderung:	Bewegungskoordination, Gleichgewicht, Imitation von Tierbewegungen
Sprachl. Förderung:	Geräusche benennen oder zeigen (Wortschatz), Absprachen, Verständigung Sich einen Partner besorgen

Sprachstationen:

1. Futterhaus:	Aufgabe:	In welcher Dose ist das Heu? (Material: Geräuschdosen)
2. Zirkuswagen des Clowns:	Aufgabe:	Was macht der Clown im Zirkuswagen? (Material: ausgewählte Geräuschbilder: Husten, Gurgeln, Schnarchen,Trompeten)
	Partnerarbeit:	Ein Schüler imitiert ein Geräusch, der Partner sucht die entsprechende Abbildung
3. Manege:	Aufgabe:	Welches Tier ist in der Manege? (Material: Tierbilder)
	Partnerarbeit:	Ein Schüler imitiert ein Tier mit Stimme und Bewegung, der Partner sucht und benennt das entsprechende Bild
4. Tierhaus:	Aufgabe:	Welches Tier befindet sich im Tierhaus? (Material: Tierbilder, Cassettenrecorder, Cassette mit Tierstimmen)

Psychomotorisches Verbindungsmaterial:
Taxi, Tunnel, Stege, Steine (vgl. Abb. 5)

Abb. 32: Anfangsgespräch

Abb. 33: Sprachstation 1

Abb. 34: Taxi

Abb. 35: Sprachstation 4

Abb. 36: Sprachstation 2

Abb. 37: Tunnel

Abb. 38: Stege

Abb. 39: Sprachstation 3

Wir bauen uns einen Abenteuerzirkus (Beispiel für eine Konstruktionseinheit)

Grundsätzliche Überlegungen

In einer Konstruktionseinheit verwirklichen die Schüler in gemeinsamer Handlung zu einem Thema ihre Vorstellungen. Hierbei „werden in Idealform Handlungskompetenzen für alle anderen Lebenssituationen erworben: sich etwas vorstellen, planen, vorbereiten, Material beschaffen, erproben,.......“und das nicht alleine, sondern in Zusammenarbeit mit anderen (Olbrich, 1994, S. 113). „Die Konstruktionseinheit stellt sich als eine sehr komplexe Situation dar, in der an die Teilnehmer bereits hohe Anforderungen in Bezug auf Kooperationsbereitschaft und -vermögen, Belastbarkeit durch Außenreize, Material- und Verfahrenskenntnisse, Techniken, Kreativität, usw. gestellt werden“ (Olbrich, 1994, S. 112).

Ihre Realisierung in der Schule für Geistigbehinderte setzt vorangegangene Lernerfahrungen der Schüler sowie eine Vorstrukturierung durch die Lehrkraft voraus. Folgende Aspekte sind zu berücksichtigen:

- Die Schüler müssen mit dem Thema bereits ausreichend vertraut sein, denn indem sie bereits „im Thema leben“ können sie eigene Vorstellungen und Kreativität entwickeln. Die Konstruktionseinheit hat somit ihren Platz gegen Ende eines Vorhabens.
- Um eine Überforderung zu vermeiden, stellt die Lehrkraft eine Auswahl von Geräten und Materialien übersichtlich angeordnet bereit. Die Verwendbarkeit der Geräte als Tunnel, Stege, usw. sowie die Handhabung der Materialien zum selbstgesteuerten Lernen sollten den Schülern bekannt sein.
- Unabdingbare Voraussetzung sind offene Unterrichtssituationen, in denen die Schüler die Möglichkeit hatten:
  - die Regeln, die offenem Lernen zugrunde liegen, kennenzulernen und zu verinnerlichen.
  - Erfahrungen im lehrerunabhängigen Lernen zu sammeln.
  - Situationen, die Absprachen benötigen, z.B. Partnerwahl, kleine Konstruktionsaufgaben selbständig zu bewältigen.
- Die Konstruktionseinheit wird mit einem *Anfangsgespräch* eingeleitet, in dem das Thema (Bauvorhaben) benannt wird. Das Ausmaß der Strukturierungshilfe in der Planungsphase richtet sich nach den Schülern. Während der *Bauphase* beobachtet die Lehrkraft und steht als Ansprechpartner zur Verfügung. Die Dauer der *Erprobungsphase* hängt von der Ausdauer und dem Interesse der Schüler ab. Im *Abschlußkreis* können Erlebnisse und evt. aufgetretene Probleme besprochen werden.

Unterrichtsbeispiel

Thema:	Wir bauen uns einen Abenteuerzirkus
Kommunikative Ziele:	Finden von Kooperationsformen, Bauideen entwickeln und aufeinander abstimmen, Absprachen vornehmen, Hilfe organisieren
Sprachfördernde Ziele:	Stationen nach Wahl der Schüler
Motorische Ziele:	Tragen von Geräten, mit Material kreativ umgehen, Sammeln von Bewegungserfahrungen,
Bereitgestellte Materialien:	Tücher, Schaumstoffteile, Matten, Decken, Seile, Rollbrett, Teppichfliesen, kleiner Kasten, Schuhkartons, Tunnelteile, Rüssel Materialien zum selbstgesteuerten Lernen (siehe Anhang): Pflege der Tiere, Pusten

Ergänzende Hinweise:

- Die Erfahrungen durch die vorangegangen komplexen Einheiten lassen die Schülern die Aufgabenstellung selbst finden.
- Die Auswahl der bereitgestellten Materialien gibt den Schülern die Möglichkeit, Sprachstationen in ihrem Abenteuerzirkus aufzunehmen, falls sie dies wünschen.

Anmerkung:

Während der Konstruktionseinheit fand eine Dichte von Kommunikation, Bewegung, Aktivität, Kreativität, Kooperation, Begeisterung, Selbständigkeit, Arbeit und Freude statt, die alle Erwartungen weit übertroffen hat. Die Schüler entwickelten eigene Vorstellungen: ein Material, das nicht bereitgestellt, ihrer Meinung nach jedoch unbedingt in den Zirkus gehörte (Geräuschkarten mit Cassettenrecorder), wurde sogar aus der Klasse herbeigeholt. Das schwerer behinderte Mädchen wurde eigeninitiativ integriert (siehe Abb. 46) und eine auf sie zugeschnittene Sprachstation eingerichtet (siehe Abb. 52).

In der Erprobungsphase agierten die Schüler mit so hoher Intensität in ihrem Abenteuerzirkus, daß die Einheit nicht von ihnen, sondern durch die Mittagessenszeit (nach insgesamt 90 Min., Unterstufe!) beendet werden mußte. Eine wunderschöne Erfahrung!

Fotoeindrücke von der Konstruktionseinheit

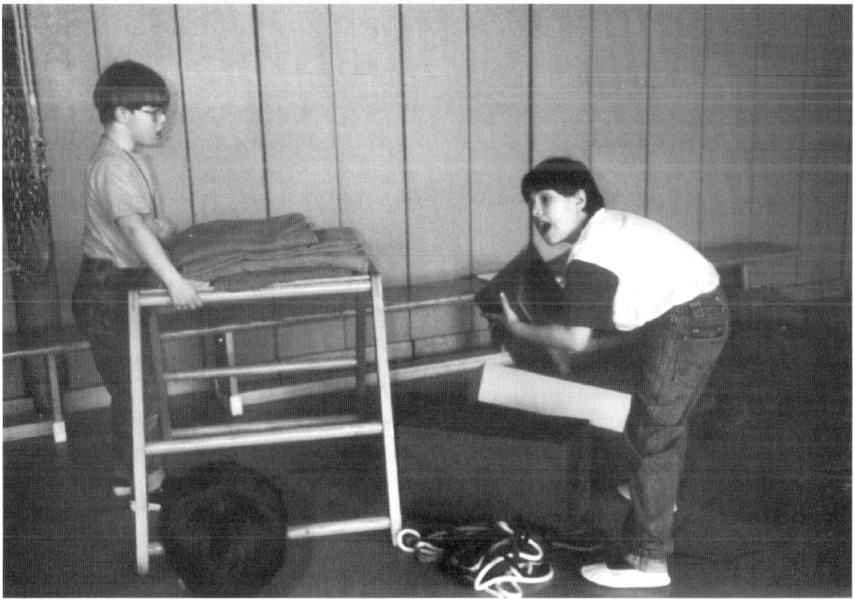

Abbildung 40

Abbildung 41

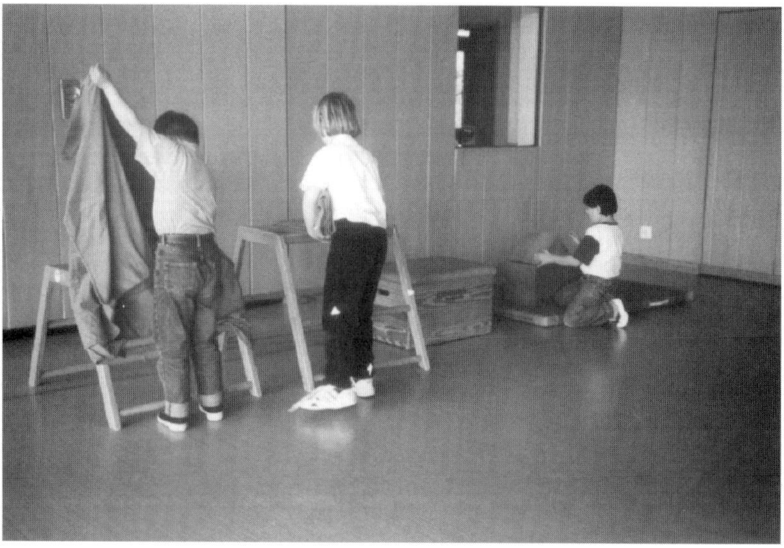

Abbildung 42

Abbildung 43

Abbildung 44

Abbildung 45

Abbildung 46

Abbildung 47

Abbildung 48

Abbildung 49

Abbildung 50

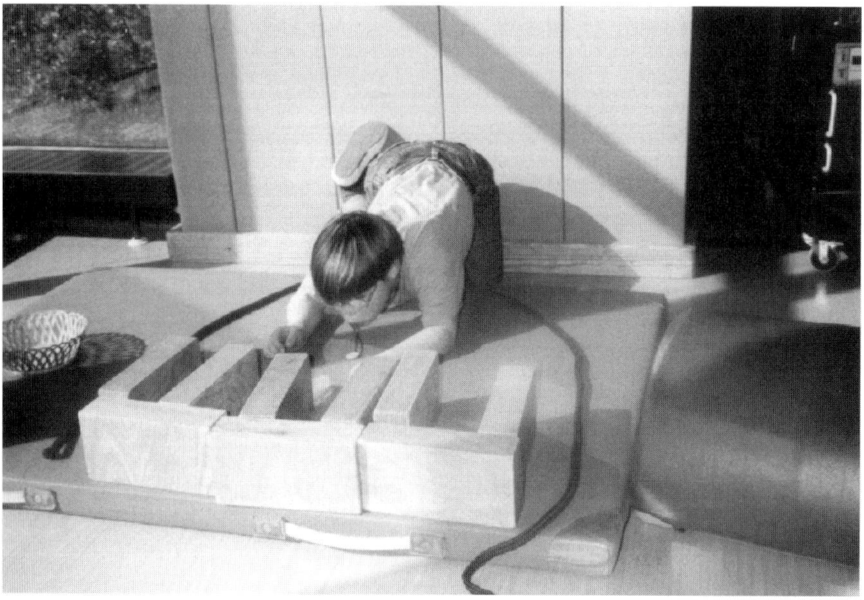

Abbildung 51

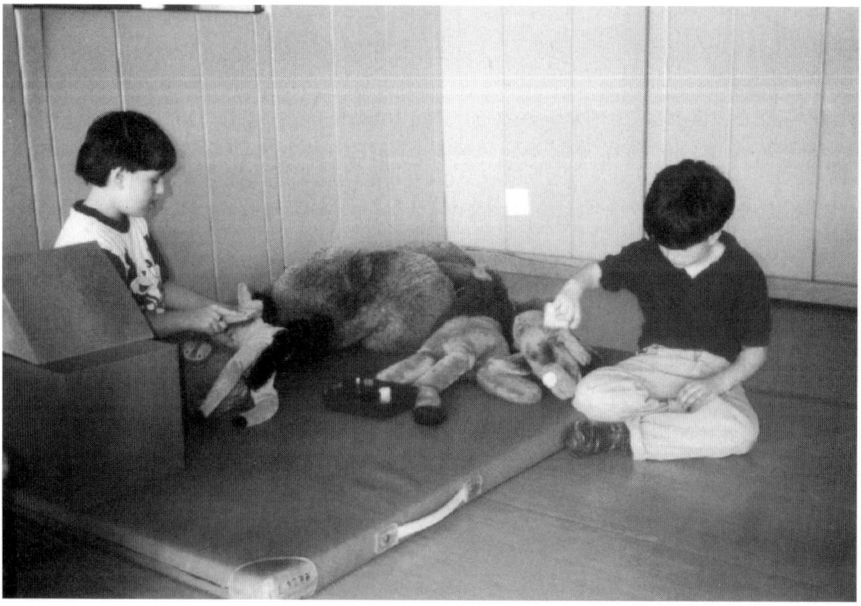

Abbildung 52

Abbildung 53

Abbildung 54

Zum Einbezug schwerbehinderter Schüler: Elena zeigt (uns den Weg)

Gerade für schwerbehinderte Schüler bedeutet der Grundsatz der ganzheitlichen Sprachförderung, ein Kind an der Stelle abzuholen, an der es sich befindet, die sensible Ausrichtung an seinen individuellen Förderbedürfnissen. Die folgende Beschreibung der Einbezugsmöglichkeiten, die wir für Elena gefunden haben, verstehen sich als Anregung zum individuellen Suchen.

Grundsätzliche Überlegungen

Wie bei allen Menschen ist es auch für nichtsprechende Schüler entscheidend, daß die Umwelt ihre Bedürfnisse erkennt. Die Förderung der Kommunikationsfähigkeit des vorsprachlichen Kindes beinhaltet die gezielte Inzenierung kommunikationsauslösender Situationen. Auf der Grundlage der Ausführungen von Kane (1992a, 1992b) zur Entwicklungsfolge vorsprachlicher Mitteilungen kann der Entwicklungsstand erfaßt werden.

Kommunikationsbeobachtung

Elena versteht Sätze, die Handlungen ihres konkreten Alltags bezeichnen. Sie kommuniziert partnerbezogen (zur Person schauen, Greifbewegung) und verwendet folgende konventionelle Gesten: Kopfschütteln, Winke-Winke, Sich auf die Brust klopfen (ich), am Finger saugen (Trinken), sehr vereinzelt auch die Zeigegeste. Sie benennt „Mama, Papa, Oma, Hund, Pferd" mit Lauten und lautiert vor sich hin, wenn sie sich wohl fühlt. Elena benutzt Gesten und Laute überwiegend zum Beschreiben von Ereignissen, selten zum Äußern von Wünschen, zum Fordern oder Protestieren. Insgesamt verhält sie sich passiv und wartet darauf, daß sich die Bezugsperson ihr zuwendet und sich mit ihr beschäftigt.

Im motorischen Bereich hat Elena gerade gelernt, einige Schritte ohne Hilfe zu gehen.

Förderung im Rahmen des Zirkusvorhabens

Das Zirkusvorhaben gab durch seinen Schwerpunkt unserem Team den Raum, unser Kommunikationsverhalten mit Elena zu beobachten. Uns fiel auf, daß wir auf ihre Passivität mit Aktivität reagierten. Als wichtigstes Ziel für Elena formulierten wir die Förderung der Entwicklung von Eigenaktivität sowie die Förderung ihrer Mitteilungsfähigkeit und – bereitschaft.

Um Elena in die Lage zu versetzen, die Zeigegeste als Mitteilungsform zu benutzen, arrangierten wir alle Entscheidungssituationen so, daß Wünsche auch durch Zeigen ausgedrückt werden konnten. Zur Hinführung

bedurfte es der Handführung. Elena benötigte die Inzenierung vieler Situationen, bis sie die Zeigegeste nach Aufforderung („Zeig mir, was du möchtest") und später von sich aus einsetzte; auch die Wahl bei den Mahlzeiten wurde mit einbezogen. Unterstützt wurde die Anbahnung und Festigung der Bewegung durch Zeigespiele im Rahmen der Erweiterung des passiven Wortschatzes (siehe z.B. „Sacha hat Hunger").
In den Bewegungslandschaften gab es für Elena einen sehr kurzen Tunnel (Krabbeln), die Stege waren breit und bestanden aus zwei Seilen auf dem Boden (Gehen), die Hindernisse (sehr dünne Schaumstoffrollen), verbunden mit einer Festhaltemöglichkeit, veranlaßten zum Hochheben der Füße. So konnte Elena auch ohne Hilfe Bewegungserfahrungen sammeln.

Abbildung 55

Angeregt durch die Mitschüler, waren es vor allem die offenen Unterrichtssituationen, in denen Elena von sich aus aktiv wurde. Da niemand auf sie warten mußte, hatte sie die Zeit, die sie benötigte, während wir im lehrergelenkten Unterricht vor dem Dilemma standen, Elena's Bedürfnisse und die der anderen Schüler, z.B. eines hyperaktiven Jungen, zu vereinbaren.

In der Freiarbeit hatten wir die gezielt für Elena hergestellten Materialien in ihr angemessener Höhe bereitgestelllt. Als sie sich mit großer, langer Anstrengung vor dem Regal hinkniete, um an Materialien der anderen Schüler zu gelangen, bestand unsere Aufgabe darin, deren Handhabung und Zielsetzung entsprechend abzuwandeln. Anhand der Geräuschdosen übte Elena das Greifen, Loslassen und Hinstellen von Gegenständen. Mit den Stofftieren (Abb. 55) verlängerte sie erheblich die Zeit, in der sie ohne Lehrkraft handelte.

Bei der Umsetzung der Spielideen zum Clown beobachteten wir, daß Elena auffallend mehr Interesse und auch Vermögen bei der Imitation von Bewegungen zeigte, als beim Nachahmen von Geräuschen. Dies veranlaßte uns, die Förderung im Bereich der „Sprechsprache“ durch das Anbieten von Gebärden zu ergänzen. Diese wurden aus der jeweiligen Situation unter Berücksichtigung von Elenas eingeschränkten Bewegungsfähigkeiten und vor allem ihrer Interessen entwickelt. Gebärden, die Elena imitierte, wurden von Frau Roth gezeichnet, im Klassenzimmer aufgehängt und den Eltern mitgegeben. Heute (6 Monate später) beherrscht Elena ca. 12 Gebärden, die sie mit Freude einsetzt.

Gebärdenbeispiele (gezeichnet von Frau Roth, verkleinert):

Toilette

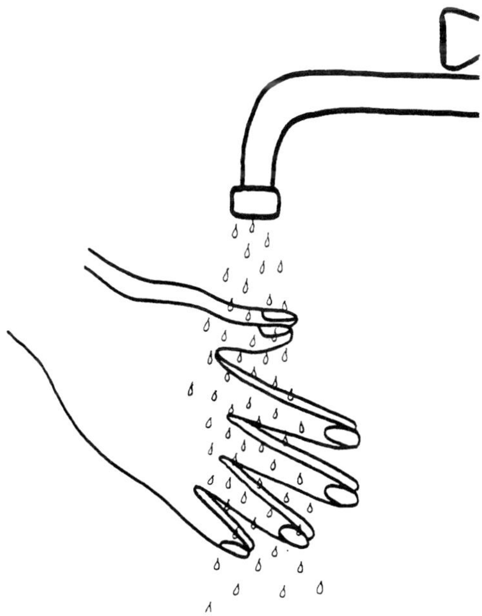

Hände waschen

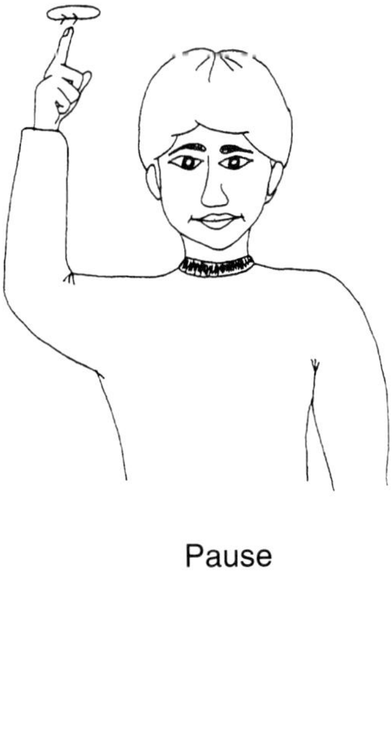

Pause

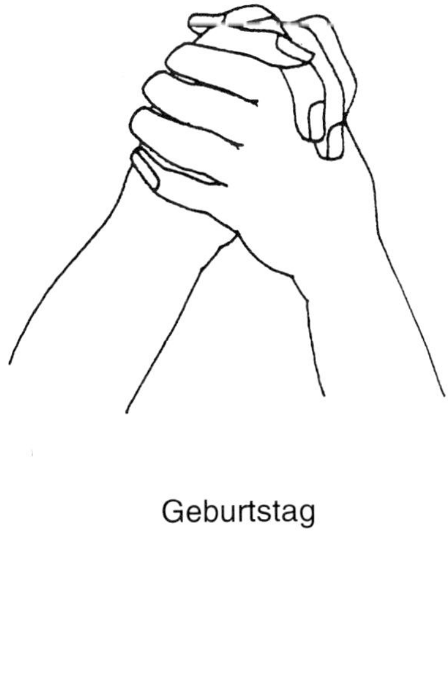

Geburtstag

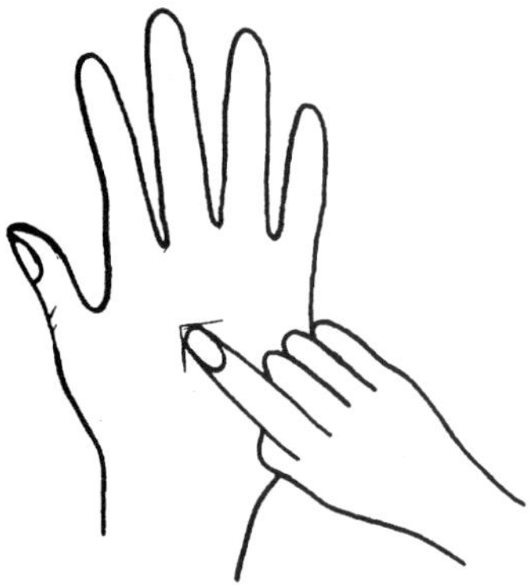

eckig

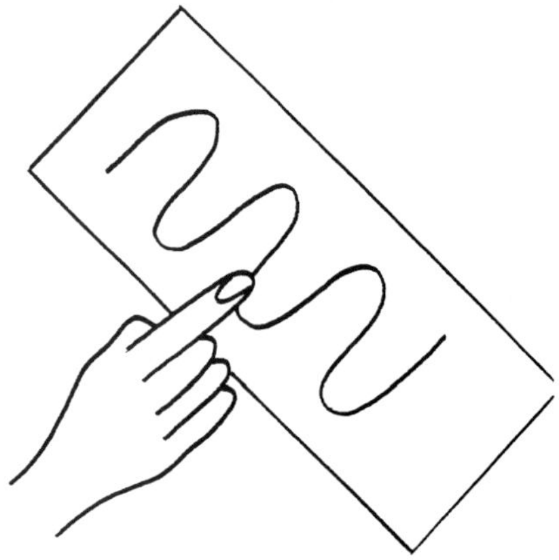

malen

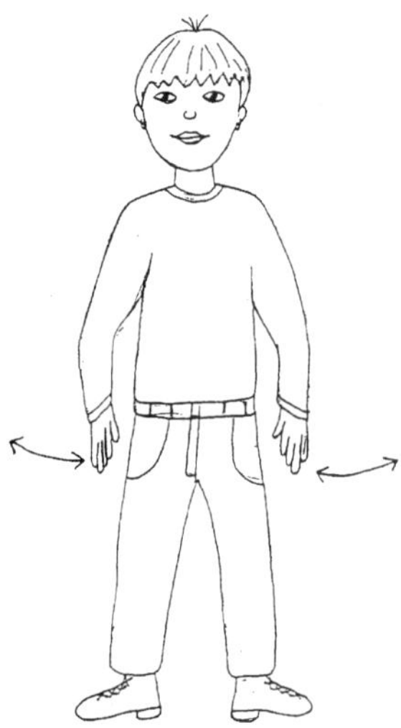

Pinguin

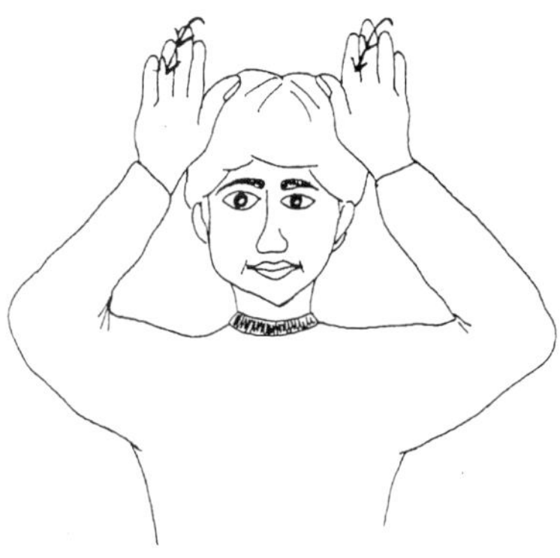

Hase

Weitere Anregungen zum Einsatz, zur Entwicklung und Darstellung von Gebärden finden sich in:

Bernhard-Opitz; Blech; Holz: Sprachlos muß keiner bleiben, Freiburg 1988 (enthält 300 abgebildete Handzeichen)

Vater, Wolfgang: Einsatz von Gebärden bei der Sprachförderung geistig Behinderter, Lernen durch Handeln, Bd. 2, Stuttgart 1982

Verband evangelischer Einrichtungen für geistig und seelisch Behinderte e.V. (Hrsg.): Schau doch meine Hände an, Stuttgart 1991 (enthält 600 fotografierte Gebärden)

Literaturverzeichnis

Atzesberger, Michael: Sprachaufbauhilfen bei Geistigbehinderten, Marhold 1975

Bernard-Opitz, u.a.: Kommunikationsförderung – ein Erfahrungsbericht, In: Geistige Behinderung 1/91

Beudels; Lensing-Conrady: .....das ist für mich ein Kinderspiel. Handbuch zur psychomotorischen Praxis, Dortmund 1996

Dank, Susanne: Probier's mal mit Musik, Dortmund 1995

Doser, Franz: Wir gehen auf Bärenjagd – Offenes Lernen in einem psychomotorisch orientierten Sportunterricht, In: Lernen konkret, Heft 4, 1997

Dapper, Klaus-Werner: Meine eigenen „Aha Erlebnisse", In: Lernen konkret, Heft 4, 1997

Fischer-Olm, Anna: Themengebundene, multisensorielle Entwicklungs- und Sprachförderung im Sprachheilkinderkarten Heidenheim, In: Die Sprachheilarbeit, 2/96, S. 118 – 124

Flehinghaus; Dahlmann: Spracherziehung. Handbücherei für die Unterrichtsplanung und Unterrichtsgestaltung in der Schule für Geistigbehinderte, Dortmund 1981

Gollwitz, Giselher: Sprach- und Kommunikationsförderung in musischen Einheiten, Regensburg 1985

Gollwitz, Giselher: Laute erleben, finden und gestalten, Regensburg 1987

Gollwitz, Giselher: Die Praxis einer ganzheitlichen Sprachförderung, Regensburg 1995

Grün, Katja: Die Notwendigkeit psychomotorischer Sprachförderung bei Kindern mit Sprachentwicklungsstörungen, unveröffentlichte Examensarbeit, Landau 1996

Grohnfeldt, Manfred: Menschenbilder in der Sprachbehindertenpädagogik, In: Die Sprachheilarbeit, Heft 1, Hamburg 1987, S. 1 – 9

Heid, H.: Was ist offen im offenen Unterricht?, In: ZfPäd., 34. Beiheft: Die Institutionalisierung von Lehren und Lernen, Weinheim 1996, S. 159-172)

Holtz, Axel: Buchbesprechung: „Die Praxis einer ganzheitlichen Sprachförderung". In: Die Sprachheilarbeit, 4/92, Hamburg, S. 220f

Kane, Gudrun: Entwicklung früher Kommunikation und Beginn des Sprechens; In: Geistige Behinderung 4/1992

Kane; u.a.: Nichtsprachliche Kommunikation: Erfassung und Förderung; In: Geistige Behinderung 4/92

Keller; Fritz: Auf leisen Sohlen durch den Unterricht. Ein Arbeitsbuch zum spiel- und handlungsorientierten Unterricht im 1. und 2. Grundschuljahr, Schorndorf 1995

Kleinert-Molitor, Barbara: Spielen und Sprechen – Zur Praxis psychomotorisch orientierter Sprachförderung. Bremer Protokoll zur Sprachheilpädagigik 11/12; Bremen 1984

Köhnen, Monika: Freiarbeit macht Spaß. Übungsreihen für Geistigbehinderte, Heft H2, Dortmund 1997a

Köhnen, M.; Roos, E.: Freiarbeit in einer Unterstufenklasse der Schule für Geistigbehinderte Schweich, In: Lernen konkret; Heft 4, 1997b

Olbrich, Ingrid: Auditive Wahrnehmung und Sprache, Dortmund 1994

Olbrich, Ingrid: Psychomotorische Sprachentwicklungsförderung in der Integrierten Sprach- und Bewegungstherapie, In: Die Sprachheilarbeit Heft 2, Hamburg 1987, S. 59 – 67

Pauliks; Brandt: Psychomotorische Ansätze in der Sprachtherapie, In: Praxis der Psychomotorik, 4/96

Schimpke, Ute: Ganzheitlicher Anfangsunterricht, Übungsreihen für Geistigbehinderte, Heft H1, Dortmund 1995

Staatsinstitut für Schulpädagogik: Lehrplan und Materialien für den Unterricht in der Schule für Geistigbehinderte, München

Vilmin; Happ: Seeräuberhauptmann Fabian – eine Bewegungsgeschichte, In: Praxis der Psychomotorik, 4/91, S. 212 – 215

Vögler, Ulrich: Stationenlernen – eine Form offenen Unterrichtes, In: Lernen konkret, Heft 4, 1997

Westrich, Edmund: Der Stammler, Bonn 1974

Bücher zum Thema Zirkus:

Zirkus, Zirkus! Kreisel Heft 3,Themen und Projekte für die Arbeit mit Kindern, Wiltingen 1993

Manegenzauber

Preußler/Lenz: Die dumme Augustine; Stuttgart 1972

Scherbath, Eva: Zirkus, Ravensburg 1990

Geräusche mit entsprechenden Bildern:

Sehen-Hören-Sprechen, Teil 1, DeltoVerlag, München

Hör – Was ist das?, Ravensburg

Anhang

1. Materialien zum selbstgesteuerten Lernen

(Die Materialien können in verschiedenen Formen offenen Unterrichtes eingesetzt werden:

- Freiarbeit
- Sprachstationen im Klassenraum
- Sprachstationen in komplexen Einheiten
- Sprachstationen innerhalb eines Sprachzirkels
- Sprachstationen im Rahmen einer Konstruktionseinheit)

2. Kopiervorlagen

- Satzbaukarten
- Legetafel für die Satzbaukarten
- Ergänzungsspiel
- Clownschablone
- Zirkusmemory

Manege frei!

Material: kleine Holzstücke zum Bau der Manege, Tiere und Clown aus Holz (siehe Abb. 30)

Pädagogische Zielsetzung:
- Förderung der Erfassung räumlicher Beziehungen
- Förderung der Kreativität
- Festigung ausgewählter Begriffe

Handhabung/Kontrolle:
- mit den Holzstücken eine Manege bauen
- Zirkusvorstellung entwickeln
- Kontrolle entfällt

Herstellung/Beschaffung:
- kleine, quadratische, gleichgroße Holzstücke sägen
- Holztiere in Spielwarengeschäften erhältlich

Sonderpädagogische Hinweise:
- Material ermöglicht den Schülern, Zirkuseindrücke auf ihre Art zu verarbeiten und eigene Vorstellungen auszudrücken
- Material regt zu sprachlichen Äußerungen an
- Material erweitert sich sukzessiv entsprechend dem Vorhabenunterricht

Variationen:
- als Partnerarbeit
- Tip: Holzstücke mit Schmirgelpapier als Material zur Förderung der Bewegungskoordination bereitstellen: den Schülern macht es Freude, die Bauteile für ihre Manege selbst herzustellen und diese mit jedem fertigen Holzstück größer anordnen zu können

Pflege der Tiere

Material: große Stofftiere, Kamm, Bürste, Schwamm (siehe Abb. 52)

Pädagogische Zielsetzung:
- Festigung ausgewählter Begriffe
- Förderung der Tiergestaltvorstellung
- Förderung der Bewegungskoordination
- Wahrnehmen der unterschiedlichen Beschaffenheit von weichen Oberflächen

Handhabung/Kontrolle:
- Tiere mit den entsprechenden Werkzeugen pflegen
- bei der Pflege die Körperteile benennen
- Kontrolle entfällt

Herstellung/Beschaffung:
- Stofftiere von den Schülern mitbringen lassen

Sonderpädagogische Hinweise:
- der Pflegevorgang muß sorgfältig bei der Erarbeitung des jeweiligen Tieres eingeführt werden
- mögliche Zieldifferenzierungen:
  - Unterscheiden ausgewählter Stofftiere (passiver Wortschatz)
  - Imitieren der Tierstimmen
  - Fühlen des weichen Fells
  - Anzahl der Tiere

Variationen:
- als Partnerarbeit
- Zuordnung Holztier – Stofftier (Wortschatzübung)

Satzbaukarten

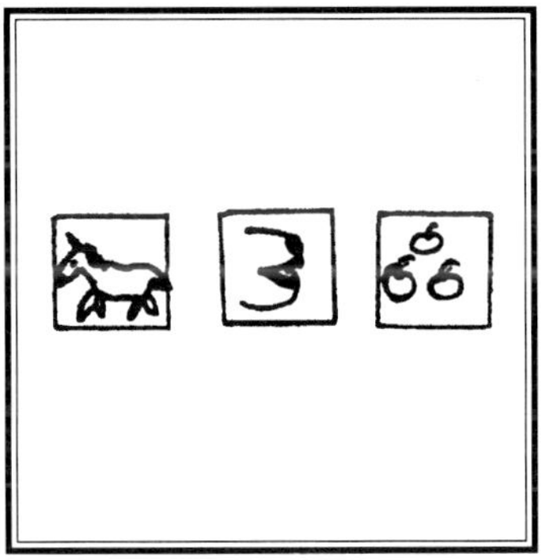

Material: Satzbaukarten, Legetafel: siehe Kopiervorlagen 1 und 2, (siehe Abb. 31)

Pädagogische Zielsetzung:
- Gestalten von 3-Wort-Sätzen (Legen und Sprechen)
- Verändern von Satzinhalten durch Austausch von Wörtern
- Spielerisches Gewinnen einer elementaren Einsicht in die Struktur der Sprache

Handhabung/Kontrolle:
- jeweils 3 Satzbaukarten auswählen (Tier, Tätigkeit, Nahrungsmittel) und mit diesen auf der Legetafel einen Satz bilden und laut sprechen
- jeweils beim Pfeil beginnen (Leserichtung)
- Kontrolle durch den Lehrer oder durch Zahlen auf der Rückseite

Herstellung/Beschaffung:
- Satzbaukarten (Kopiervorlage) ausschneiden, colorieren und laminieren

Sonderpädagogische Hinweise:
- Satzbaukarten und Satzbauweise sollten in realen Handlungssituationen erarbeitet werden (vgl. Spielidee: Sacha hat Hunger)
- Differenzierung durch Anzahl und Auswahl der Bildkarten
- Material erweitert sich sukzessiv entsprechend dem Vorhabenunterricht

Variationen:
- Partnerarbeit: ein Schüler bildet einen Satz, der Partner legt ihn mit den Karten oder ein gelegter Satz wird vom Partner verbalisiert

Ergänzungsspiel

Material: Tierkörpervorlage, Körperteile zum Ergänzen: siehe Kopiervorlagen 3, (siehe Abb. 29)

Pädagogische Zielsetzung:

- Kennen und Benennen der spezifischen Körperteile ausgewählter Tiere (Wortschatzerweiterung)
- Gewinnen einer Vorstellung von der Tiergestalt (Hinführung zum gegenständlichen Malen)

Handhabung/Kontrolle:

- Auflegekarte und Tierteile aus dem entsprechenden Briefumschlag nehmen
- Körperteile benennen und so auflegen, daß eine vollständige Tiergestalt entsteht
- Selbstkontrolle durch Vergleich mit dem Bild auf dem Briefumschlag

Herstellung/Beschaffung:

- Körperteile ausschneiden und laminieren, dabei ausreichend Folienrand lassen (Griffigkeit)
- Tierkörper als Auflegekarte kopieren und laminieren (beim Bär dient der Tierkörper auch als Kopiervorlage für das Fell (braun anmalen))
- Briefumschläge mit den entsprechenden Tierbildern bekleben

Sonderpädagogische Hinweise:

- das Material erweitert sich sukzessiv mit der Einführung des jeweiligen Tieres
- Differenzierung durch Anzahl der Tiere

Variationen:

- als Partnerarbeit
- Erhöhung der Schwierigkeit durch Vermischung aller Teile vor Beginn des Arbeitens

Pusten

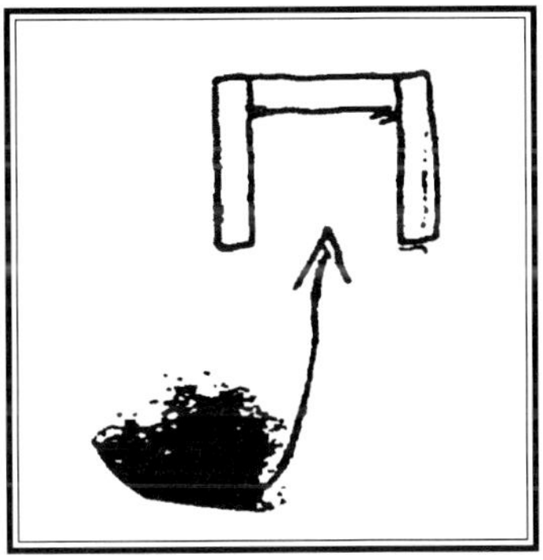

Material: Märchenwollbäuschchen in den Farben der eingeführten Tiere, Seil, Bausteine, Tierbilder (siehe Abb. 28)

Pädagogische Zielsetzung:
- Steuerung und Dosierung der Ausatmung

Handhabung/Kontrolle:
- Aufbauen und Kennzeichnen der Ställe mit den Tierbildern
- Abgrenzen der Weide mit dem Seil
- Tiere auf der Weide verteilen
- Tiere in den richtigen Stall pusten
- Selbstkontrolle: es ist kein Tier mehr auf der Weide (die Zuordnung dient vorrangig der Motivation)

Herstellung/Beschaffung:
- statt Märchenwolle kann auch Watte verwendet werden
- Märchenwolle kann bestellt werden: Firma Seehawer OHG, Sonnenhalde 9, Tübingen

Sonderpädagogische Hinweise:
- Material erweitert sich sukzessiv entsprechend der Einführung der einzelnen Tiere
- Differenzierung durch Anzahl der „Tiere" und „Ställe" und der Größe der Weide
- für Schwerbehinderte: Organisation des Spiels auf dem Tisch mit kurzen und geraden Pustewegen

Variationen:
- als Partner- oder Gruppenarbeit
- Clown bläst Japanbälle in einen Eimer
- Pustewettkampf der Clowns mit Tischtennisbällen

Geräuschdosen

Material: Behälter, je zwei mit gleichem Inhalt
(siehe Abb. 3)

Pädagogische Zielsetzung:
- Wahrnehmen und Unterscheiden von Geräuschqualitäten
- Paaren gleicher Geräusche
- Förderung der auditiven Merkfähigkeit

Handhabung/Kontrolle:
- beide Serien getrennt anordnen
- einen Behälter schütteln, mit dem passenden aus der anderen Serie paaren
- Selbstkontrolle durch Farbmarkierungen auf der Unterseite

Herstellung/Beschaffung:
- 6 Tubbabecher, die Deckel mit blauem und grünen Filz überziehen
- mit den Schülern füllen: Sand, Kies, Heu
- Farbmarkierungen auf der Unterseite anbringen

Sonderpädagogische Hinweise:
- Bezug zum Zirkus: Materialien der Zirkusstraße, Spielidee „Wo ist das Heu versteckt?“
- für Schwerbehinderte:
- Erzeugen von Geräuschen durch Schütteln der Dosen
- anhand der Dosen kann das Greifen, Hinstellen und Loslassen von Gegenständen geübt werden

Variationen:
als Partnerarbeit: jeder Schüler hat eine Serie vor sich, ein Schüler schüttelt eine Dose, der andere sucht die passende aus seiner Serie (vgl. Köhnen, 1997a, S. 29)

Schminken

Material: Spiegel, Schminke (weiß, rot, schwarz), (siehe Abb. 6)

Pädagogische Zielsetzung:
- Gesichtsteile bewußt wahrnehmen
- Unterscheiden und Benennen ausgewählter Gesichtsteile (passiver und aktiver Wortschatz)
- Funktionsübungen (Mund, Kiefer, Zunge, Lippen)

Handhabung/Kontrolle:
- Sich als Clown schminken
- Grimassen erfinden und sich dabei im Spiegel betrachten
- Kontrolle entfällt

Herstellung/Beschaffung:
- Theaterschminke, Schminkstifte (günstig zur Faschingszeit)
- großer Tischspiegel, besonders geeignet: Artikulationsspiegel

Sonderpädagogische Hinweise:
- das gezielte Schminken kann durch ein Clownbild unterstützt werden
- Auswahl, Vorgehensweise und Handhabung der Farben sollten im Vorhabenunterricht eingeführt werden

Variationen:
- Nachahmen von Mundbildern zu ausgewählten Sprachlauten, aus: Sprechlernspiele, Ravensburger
- Zusammenschleifen ausgewählter Laute als Artikulationsübung oder als Unterstützung eines Lesekurses
- Partnerarbeit: sich gegenseitig schminken, Grimassen vor- und nachmachen

Clownschablone

Material: Fingerfarben (weiß, rot, schwarz), Clownschablone (siehe Abb. 24)

Pädagogische Zielsetzung:
- Unterscheiden und Benennen ausgewählter Gesichtsteile
- gezieltes Anmalen
- Unterstützung des gezielten Schminkens

Handhabung/Kontrolle:
- Gestalten eines Clowngesichtes
- Selbstkontrolle durch Vergleich mit einem Clownbild

Herstellung/Beschaffung:
- Kopiervorlage 4

Sonderpädagogische Hinweise:
- bei schwächeren Schülern liegt das Ziel in der Handhabung der Fingerfarben, die Kontrolle entfällt

Variationen:
- freies Malen eines Clowngesichtes (ohne Schablone)

Geräuschbilder

Material: Geräuschbilder, Cassette mit Geräuschen, Cassettenrecorder (siehe Abb. 35)

Pädagogische Zielsetzung:
- Förderung der auditiven Unterscheidungs- und Merkfähigkeit
- Erkennen und Benennen ausgewählter Geräusche
- mundmotorische Imitation der Geräusche
- Aktivierung des inter- und intrapersonellen Hörkreislaufes

Handhabung/Kontrolle:
- die Geräusche hören und identifizieren, jeweils die entsprechende Bildkarte heraussuchen und in der Reihenfolge der Geräusche anordnen
- Selbstkontrolle durch Numerierung auf der Rückseite

Herstellung/Beschaffung:
- ausgewählte Geräusche auf eine Cassette aufnehmen (zwischen den Geräuschen Pausen lassen)
- entsprechende Geräuschbilder auf der Rückseite mit Ziffern versehen und laminieren
- Quellen für Geräusche mit entsprechenden Bildern: Sehen-Hören-Sprechen,Teil1, Delto Verlag, München; Hör – Was ist das?, Ravensburg

Sonderpädagogische Hinweise:
- Voraussetzung: Einführung im Vorhabenunterricht
- Zieldifferenzierung: Hören der Cassette, Hören und Imitieren der Geräusche

Variationen:
- Partnerarbeit: ein Schüler erzeugt ein Geräusch, sein Partner sucht die entsprechende Bildkarte (siehe Abb. 36)

Edelsteine

Material: Glasschälchen mit Glasmuggelsteinen in blau, gelb, rot, grün, Filzstücke in den gleichen Farben

Pädagogische Zielsetzung:
- Gewinnen von Ordnungsstrukturen
- Förderung der Erfassung räumlicher Strukturen
- Hinführung zum selbständigen Bau einer Manege aus Schuhkartons

Handhabung/Kontrolle:
- Anordnen der Glasmuggelsteine zu Kreisen (kleine Manegen)
- Kontrolle durch den Lehrer

Herstellung/Beschaffung:
- Glasmuggelsteine (Firma Leonardo) in Glasfachgeschäften erhältlich
- Quadratische Filzstücke ausschneiden

Sonderpädagogische Hinweise:
- die Idee, das Material in dieser Zielstellung zu verwenden, wurde von den Schülern (!) im Verlauf des Vorhabens entwickelt, ursprünglich stand das Material zur Farbzuordnung bereit (vgl. Köhnen, 1997a, S.32)
- nach Bedarf kann das Material durch kleine Reifen ergänzt werden (Orientierungshilfe)

Variationen:
- Legen von zwei- oder mehrfarbigen Manegen

Zirkusmemory

Material: Bildkartenpaare (siehe Kopiervorlagen 5)

Pädagogische Zielsetzung:
- Erkennen und Benennen der abgebildeten Zirkuselemente (passiver und aktiver Wortschatz)
- Zuordnung gleicher Bildkarten

Handhabung/Kontrolle:
- Bildkarten ungeordnet hinlegen
- gleiche Bildkarten heraussuchen, benennen und Paare bilden
- Selbstkontrolle: Zuordnung geht bei Fehlern nicht auf (bei schwächeren Schülern durch den Lehrer)

Herstellung/Beschaffung:
- Bildkarten kopieren, auswählen, colorieren, ausschneiden, laminieren

Sonderpädagogische Hinweise:
- Bildkarten werden sukzessiv entsprechend dem Vorhabenunterricht eingeführt
- Differenzierung durch Anzahl der Bildkarten (z.B. Beschränkung auf die Tiere)

Variationen:
- als Partner- oder Gruppenarbeit: Memory
- Zuordnung Bildkarten- Zirkuselementen aus Holz
- Zuordnung von Buchstabenkarten entsprechend den Anlauten der Abbildungen

Zirkusstraße

Material: mit unterschiedlichen Materialien gefüllte Kisten (siehe Abb. 27)

Pädagogische Zielsetzung:
- Wahrnehmen unterschiedlicher Tastqualitäten (rauh, weich, kratzig,...........)
- Verbalisierung der Erfahrungen

Handhabung/Kontrolle:
- Kisten zu einer Straße anordnen
- Schuhe (wahlweise auch Hose) ausziehen
- Straße aufrecht oder im Vierfüßlergang durchlaufen, Wahrnehmungserfahrungen sammeln, nach Möglichkeit verbalisieren
- Kontrolle entfällt

Herstellung/Beschaffung:
- Kisten im Supermarkt erhältlich (flache Obstkisten aus Plastik mit Griffen ermöglichen den Schülern diese selbst anzuordnen und wieder zu stapeln)
- Kisten mit Materialien unterschiedlicher Wahrnehmungsqualität füllen: Stroh, Sand, Fußmatte, Kies, Fell oder Decke,......

Sonderpädagogische Hinweise:
- Material wird im Vorhabenunterricht eingeführt
- manche Schüler möchten zunächst Erfahrungen nur mit den Händen sammeln und brauchen Zeit zum Betreten der Kisten

Variationen:
- als Partnerarbeit
- mit verbundenen Augen

Kopiervorlagen 1: Satzbaukarten (gezeichnet von Heike Roth, Pädagogische Fachkraft)

Mögliche Sätze:
- Sacha (das Pferd) frißt Brot (Äpfel, Karotten, Heu)
- Bimbo (der Elefant) frißt Blätter (Gras, Zweige)
- Elefanten fressen Blätter (Gras, Zweige)
- der Bär leckt Honig

Kopiervorlage 2: Legetafel für die Satzbaukarten (auf DIN A3 vergrößern und laminieren)

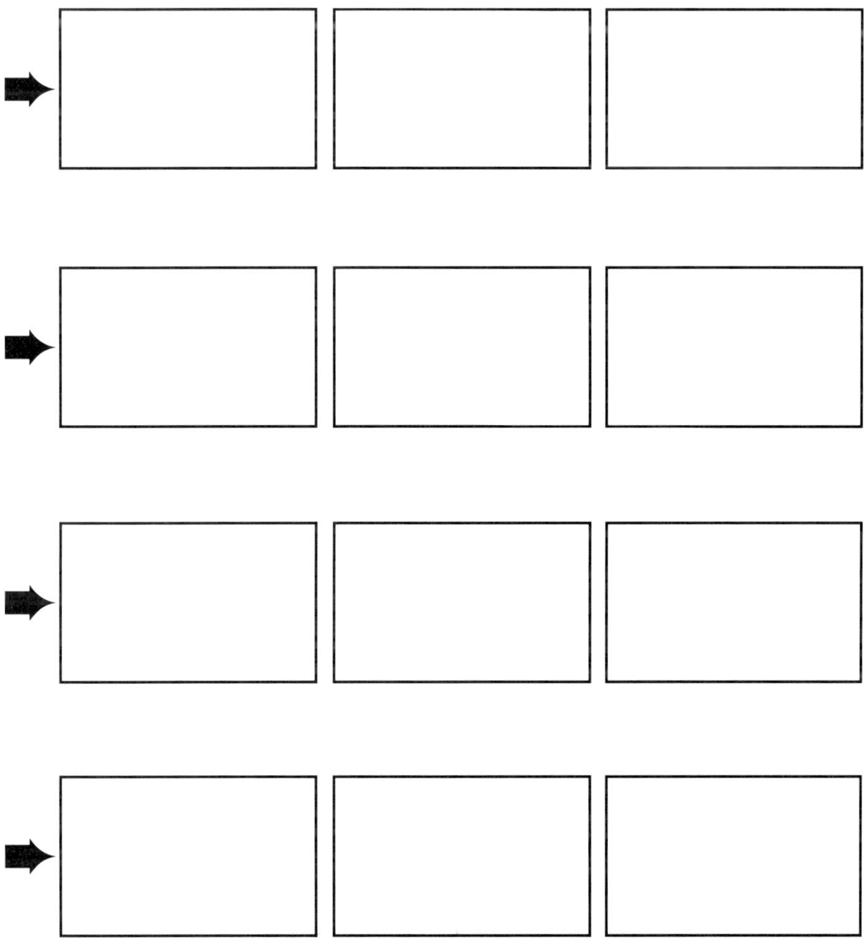

Kopiervorlagen 3: Ergänzungsspiel

- Pferd (Begriffe: Mähne, Schwanz)
- Elefant (Begriffe: Rüssel, Ohr, Schwanz)
- Bär (Begriffe: Fell, Tatzen, Ohren)
- Löwe (Begriffe: Mähne, Schwanz)

Kopiervorlage 4: Clownschablone (entworfen von E. Roos, Pädagogische Fachkraft)

Kopiervorlagen 5: Zirkusmemory (vergrößern, colorieren und laminieren)

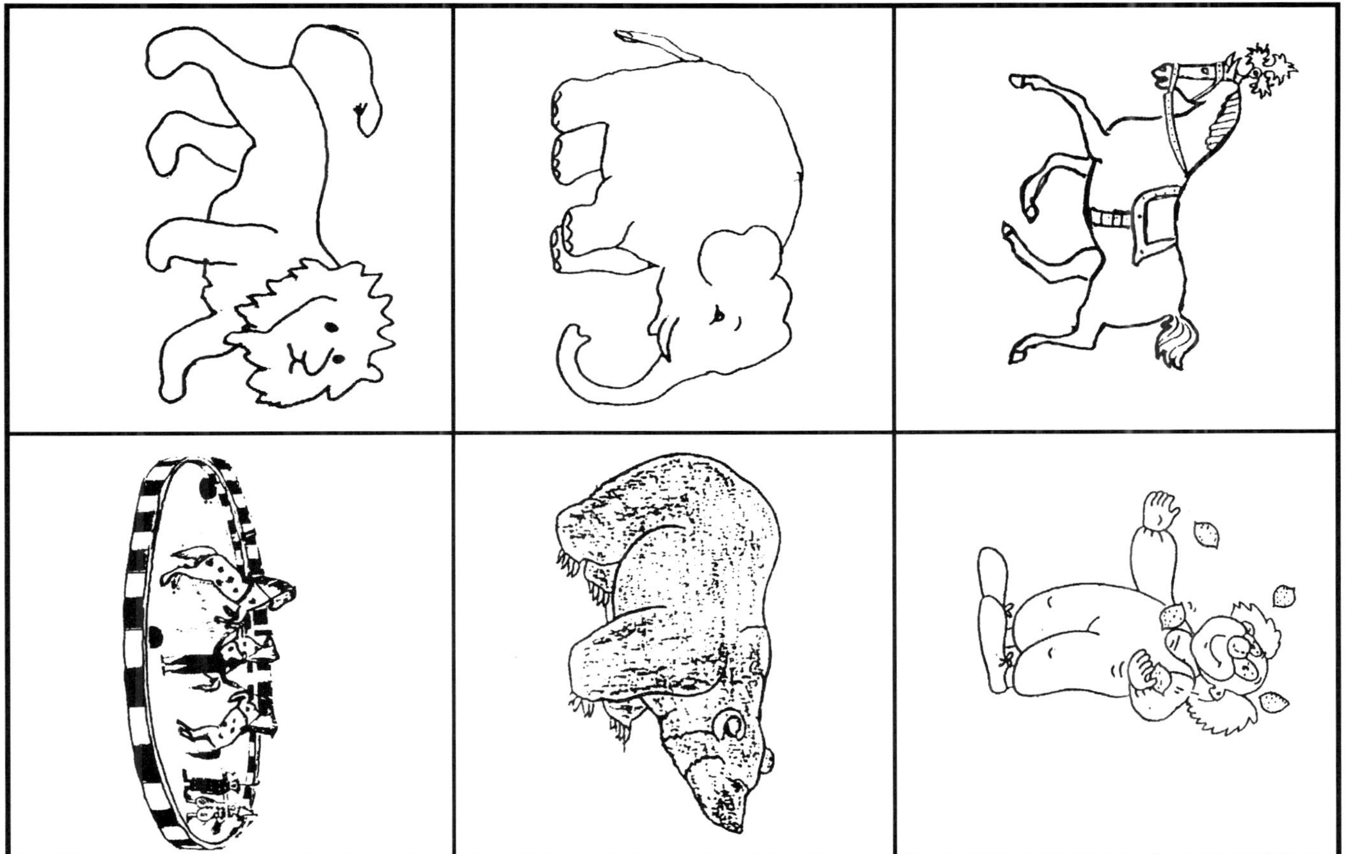

Zirkus